Bibliografische Information der Deutschen Nationalbibliothek:

Die Deutsche Bibliothek verzeichnet diese Publikation in der Deutschen Nationalbibliografie; detaillierte bibliografische Daten sind im Internet über http://dnb.d-nb.de/ abrufbar.

Impressum:

Druck und Bindung: Books on Demand GmbH, Norderstedt Germany
ISBN: 9783640492978

Dieses Buch bei GRIN:

http://www.grin.com/de/e-book/141199/radio-frequency-identification-rfid

Manfred Mann

Radio Frequency Identification (RFID)

Einsatz und Bedenken

GRIN Verlag

GRIN - Your knowledge has value

Der GRIN Verlag publiziert seit 1998 wissenschaftliche Arbeiten von Studenten, Hochschullehrern und anderen Akademikern als eBook und gedrucktes Buch. Die Verlagswebsite www.grin.com ist die ideale Plattform zur Veröffentlichung von Hausarbeiten, Abschlussarbeiten, wissenschaftlichen Aufsätzen, Dissertationen und Fachbüchern.

WIRTSCHAFTSUNIVERSITÄT WIEN
BAKKALAUREATSARBEIT

Titel der Bakkalaureatsarbeit:
Radio Frequency Identification (RFID)
Einsatz und Bedenken

Englischer Titel der Bakkalaureatsarbeit:
Radio Frequency Identification (RFID)
Applications and Concerns

Verfasserin/Verfasser:	**Manfred Mann**
Studienrichtung:	**Bakkalaureat Wirtschaftsinformatik (033 526)**
Kurs:	**LV 0202, VK VI Informationswirtschaft**
Textsprache:	**Deutsch**
Semester:	**WS 2007/08**

Stichworte: RFID, Radio Frequency Identification, Logistik, Einzelhandel, Bibliotheken, Datenschutz

Keywords: RFID, Radio Frequency Identification, Logistics, Retailing, Libraries, Privacy

Zusammenfassung: Die Verbreitung der *Radio Frequency Identification* - oder kurz RFID - hat in den letzten Jahren deutlich zugenommen. Obwohl diese Technik alles andere als neu ist, fand der große Durchbruch erst in den vergangenen 10 bis 15 Jahren statt. Diese Arbeit stellt die Grundlagen von RFID vor, beleuchtet die gegenwärtig wichtigsten Einsatzzwecke mit ihren Kosten und Nutzen und stellt auch die am häufigsten vorgebrachten Bedenken gegen RFID zur Diskussion. Abschließend wird ein Ausblick auf die weitere Entwicklung und die Faktoren die den Einsatz derzeit hemmen, gewagt.

Abstract: The technology of *radio frequency identification* - or RFID - has gained much relevance during the last years. Although everything else than new, the big breakthrough for RFID came in the last ten to fifteen years. The purpose of this bachelor thesis is to introduce the reader to the principles of RFID, to show the major current applications of RFID technology with an emphasis on costs and benefits and also to discuss the most commonly cited concerns against RFID. Finally, an outlook to the further development and the factors that drive and limit RFID in the future, is given.

Anmerkung: Im Text sind bei Personen-, Berufs- und ähnlichen Bezeichnungen im Allgemeinen sowohl die männlichen als auch die weiblichen Bezeichnungen gemeint. Um die Lesbarkeit zu erleichtern wird der deutschen Rechtschreibung folgend die männliche Bezeichnung benutzt.

Inhaltsverzeichnis

Abbildungsverzeichnis

Tabellenverzeichnis

1 Einleitung

Die Technik der *Radio Frequency Identification* - oder kurz RFID - hat in den letzten Jahren deutlich an Bedeutung gewonnen. Man bezeichnet damit ein System zur automatischen Identifikation von Gütern[1] ähnlich des jedermann bekannten Barcodes, das jedoch einige Unterschiede bzw. Verbesserungen beinhaltet. Technisch gesehen ist RFID ein Verfahren zur Übertragung von Daten über kurze Entfernungen mithilfe von Radiowellen. Man verwendet hierzu sogenannte „Tags", die auf den zu identifizierenden Objekten (also zB Waren) angebracht werden, und sogenannte Lesegeräte oder „Reader" um diese Tags auslesen zu können. Die Hauptvorteile gegenüber dem Barcode liegen allerdings darin, dass keine direkte Sichtverbindung zwischen Tag und Lesegerät notwendig ist und dass die Daten auf wiederbeschreibbaren Tags auch nach deren Herstellung jederzeit verändert/aktualisiert werden können. Das Lesegerät kann die vom Tag ausgelesenen Informationen anschließend an einen Computer weiterschicken und beispielsweise mit gespeicherten Werten in einer Datenbank abgleichen. [Robe06]

1.1 Problemstellung

Mit RFID gewinnt eine Technik an Raum, die das Potential hat, alle Lebensbereiche zu durchdringen. Ähnlich wie bei der Mikroelektronik ist eine Verwendung von RFID in fast allen Gegenständen des täglichen Lebens denkbar. Es ist daher notwendig, sich mit den Grundlagen der Technik RFID zu beschäftigen, weiters die häufigsten Verwendungen, mit besonderem Augenmerk auf Kosten, Nutzen und Gefahren vorzustellen und somit Informationen über eine Technik zusammenzufassen, die zu Unrecht wenig in der medialen Öffentlichkeit steht. So wird in [Jone04] von einer Umfrage berichtet, die von der Unternehmensberatung *Cap Gemini Ernst & Young* im Februar 2004 in Nordamerika durchgeführt wurde. In der Befragung von 1000 Konsumenten konnten nur 23% etwas mit dem Begriff RFID anfangen.

[1] oft auch „Auto-ID-Verfahren" genannt

1.2 Forschungsfrage

Diese Arbeit hat die Aufgabe, neben allgemeinen zum Verständnis der weiteren Kapitel notwendigen Informationen über die Funktionsweise eines RFID-Systems vor Allem die gängigen Einsatzzwecke zu beleuchten und die Frage nach Kosten und Nutzen von RFID-Systemen zu stellen. Weiters sollen die am häufigsten geäußerten Bedenken, vor Allem Sicherheitsfragen, untersucht werden. Abschließend wird versucht, eine Antwort auf die Frage nach den Zukunftsaussichten und weiterer Implementierung von RFID-Systemen in Unternehmen zu finden.

1.3 Methodik/Vorgehensweise

Kapitel 2 bringt zunächst einen kurzen historischen Abriss der Entwicklung von RFID und fasst den aktuellen Stand der Technik zusammen. Kapitel 3 beschreibt die Funktionsweise eines RFID-Systems und stellt die verschiedenen Arten von Tags, die am Markt angeboten werden, vor. Weiters werden die gängigen Frequenzbereiche und das Problem der „Kollision“ beim gleichzeitigen Vorhandensein mehrerer Tags besprochen. Kapitel 4 stellt dann die zurzeit wichtigsten Einsatzgebiete von RFID vor, speziell in der Logistik und im Einzelhandel, in Bibliotheken, im Gesundheitswesen sowie einige weitere populäre Anwendungen und beleuchtet auch die Frage, wie Kosten und Nutzen von RFID-Applikationen bestimmt werden können. Kapitel 5 diskutiert anschließend die Bedenken, die im Zusammenhang mit RFID geäußert werden und nennt wichtige Sicherheitsmaßnahmen, die beim Einsatz eines RFID-Systems getroffen werden sollten. Kapitel 6 schließlich bringt eine Zusammenfassung der wichtigsten Fakten und wagt einen Ausblick auf die weitere Entwicklung und Verbreitung der Technik RFID.

Hauptsächlich erfolgt dies in Form einer Zusammenstellung einschlägiger wissenschaftlicher Fachliteratur, aus Büchern, Dissertationen udgl sowie Publikationen in wissenschaftlichen Fachjournalen, kombiniert mit eigenen Gedanken und Verknüpfungen zwischen den einzelnen Fragestellungen.

2 Historische Entwicklung

Bereits im zweiten Weltkrieg wurde eine Kombination aus Radar und Funktechnik eingesetzt, um feindliche Flugzeuge identifizieren und von eigenen unterscheiden zu können. Die britische Luftwaffe[2] hatte zwar Radargeräte - damit war es aber nur möglich, das Herannahen von Flugzeugen sichtbar zu machen, nicht aber festzustellen, ob es sich um eigene oder feindliche handelte. Daher wurden die eigenen Flugzeuge mit Funktranspondern ausgestattet, die sie von feindlichen Flugzeugen unterscheidbar machten. Diese sogenannte *Friend-or-Foe-Identification*[3] kann als Geburtsstunde des Funktionsprinzips von RFID gesehen werden. [Lock05]

In [Wits06] wird die weitere Entwicklung, die RFID ermöglichte, wie folgt beschrieben:

> „Eine der frühesten Publikationen geht zurück in die 1940er Jahre (Stockmann, 1948). Dennoch sollte es beinahe 30 Jahre dauern, bis diese Technologie[4] in der uns heute bekannten Form einsetzbar wurde - die Entwicklung von Transistoren, integrierter Schaltungen (ICs), Mikroprozessoren und von Kommunikationsnetzwerken waren dazu notwendig.“

Die 1960er und 1970er Jahre brachten eine Reihe von Patenten hervor, die schließlich auch erste kommerzielle Anwendungen im Bereich der Diebstahlsicherungen ermöglichten, in den 1980ern kamen Transport, Zugangsberechtigung und Tieridentifikation hinzu. In den 1990ern konnte erstmals die gesamte Funktionalität eines RFID Tags auf einem IC integriert werden. Die Einführung von RFID zur Mautabrechnung in zahlreichen Staaten, als erstes flächendeckend jedoch im US-Bundesstaat Oklahoma 1991, war ein weiterer Meilenstein zum Masseneinsatz von RFID. [Wits06]

Heute wird RFID in zahlreichen Gebieten der Wirtschaft verwendet, ebenso wie von Behörden. Auf einige konkrete Einsatzgebiete wird in Kapitel 4 näher eingegangen.

[2] RAF - Royal Air Force

[3] auf deutsch etwa *Freund-Feind-Erkennung*

[4] eigentlich Technik, Anm. d. Verf.

2.1 Aktueller Stand

Deutliche Verbesserungen im Bereich der Lesereichweite und -geschwindigkeit, sowie der Zuverlässigkeit, Miniaturisierung der Tags und eine Vergrößerung des zur Verfügung stehenden Speichers waren die wesentlichen Verbesserungen, die in den 1990ern den Durchbruch für RFID ermöglichten. Anschließend wurden und wird eine Vielzahl an Standards für verschiedene Frequenzbereiche erarbeitet (vgl. [Wits06]), beispielsweise durch die *International Organization for Standardization*[5].

In [Robe06] ist die derzeitige Problematik wie folgt zusammengefasst:

> „The lack of standardisation and the lack of harmonisation of frequency allocation are hampering growth in this industry. There is a proliferation of incompatible standards with major RFID vendors offering proprietary systems. ANSI and ISO have been working to develop RFID standards and some have been adopted for such applications as animal tracking (ISO 11784 and 11785) and supply chain goods tracking (ISO 18000-3 and ISO 18000-6).“

Standards sind von großer Bedeutung für den breiten Einsatz und die zukünftige Entwicklung von RFID. Dadurch haben Abnehmer die Möglichkeit, zwischen mehreren kompatiblen Produkten verschiedener Hersteller zu wählen. Sie gehen also nicht das Risiko ein, im Falle der Insolvenz des Herstellers ihr gesamtes System auf das eines der Konkurrenten umstellen zu müssen. Weiters entsteht durch die Vielzahl an Anbietern der Produkte mit gleichem Standard ein Wettbewerb, der zu niedrigeren Preisen, höherer Produktqualität und besserem Kundenservice führen kann. Auch wird es erst durch industrieweite Standards möglich, Waren betriebsübergreifend mit RFID-Tags auszustatten - denn nur durch Standards ist sichergestellt, dass jeder die Tags lesen kann. Genauer muss zwischen Standards für die Funkübertragung, also die Luftschnittstelle betreffend (hierauf wird in Kapitel 3.3 eingegangen) und Standards für den Dateninhalt der Tags (hierauf geht Kapitel 4.1 näher ein) unterschieden werden. [Kern07]

[5] im weiteren Verlauf der Arbeit mit ISO abgekürzt

3 Technische Funktionsweise

3.1 Allgemeines

Ein *RFID-System* besteht zumindest aus den drei folgenden Komponenten: [Robe06]

1. Einem RFID-Tag, der an einem Objekt angebracht wird
2. Einem Lesegerät
3. Einem Computersystem zur Verarbeitung der Daten

3.2 Tags

Bei den Tags (deutsche wörtliche Übersetzung in etwa Schild, Anhängsel) wird unterschieden zwischen: [Robe06]

- *aktiven Tags:* besitzen eine eigene Energieversorgung, zB in Form einer Batterie
- *passive Tags:* beziehen ihre Energie durch Induktion über kurze Entfernung vom Lesegerät

Manche Autoren verwenden statt Tag auch den Begriff Transponder, andere letzteren nur für aktive Tags. Für das Wort „Tag“ sind im Deutschen sowohl der männliche als auch der sächliche Artikel in Gebrauch. Ich werde im weiteren Verlauf der Arbeit durchgängig den Begriff „der Tag“ verwenden und damit sowohl die passive als auch die aktive Variante einschließen.

Ein Tag besteht aus einem Chip, in dem Daten gespeichert werden und einer Antenne, um diese Daten über Funkwellen übertragen zu können sowie Befehle eines Lesegeräts entgegennehmen zu können (siehe dazu unten). [Lock05] Weiters stellt eine Verkapselung (Gehäuse) einen Schutz vor Umwelteinflüssen dar und verbindet den Tag mit dem Trägerobjekt. [Kern07]

Durch die zusätzliche Komponente der Batterie liegt es auf der Hand, dass aktive Tags mehr Platz benötigen und teurer und schwerer sind als passive. Beim Einsatz aktiver Tags muss außerdem die begrenzte Lebensdauer der Batterie bedacht werden. Der Hauptvorteil der aktiven Tags liegt allerdings in deren deutlich größeren Reichweite und der meist höheren Speicherkapazität. [Robe06]

Neben den rein passiven und aktiven Tags sind auch Mischformen möglich: Es gibt Tags die zunächst passiv arbeiten und nur wenn hohe Anforderungen an die Lesereichweite gestellt sind, auf aktiven Betrieb umschalten. Zusätzlich gibt es die Möglichkeit, dass bei aktiven Tags die Batterie durch Induktion, solange sie sich nahe genug an einem Lesegerät befindet, aufgeladen wird. [Kern07]

Weiters kann zwischen einfach und mehrfach beschreibbaren Tags unterschieden werden: [BSI04]

- *Read-Only Tags*: Informationen werden hier schon im Zuge der Produktion auf dem Tag gespeichert, wobei die Daten danach nur noch gelesen, aber nicht mehr verändert werden können.
- *Read-Write Tags*: Hierbei ist es möglich, die Informationen, die auf dem Tag gespeichert sind, nachträglich jederzeit mithilfe entsprechender Lese/Schreibgeräte zu verändern, was „beispielsweise in Produktionsprozessen, bei denen Produkte Arbeitsschritte mit weit entfernten Produktionsstandorten durchlaufen, vorteilhaft sein kann, da eine aufwändige Vernetzung dieser Standorte damit entfallen kann.“ [Este07] Der Nachteil der *Read-Write Tags* liegt in deren höheren Herstellungskosten. [BSI04] Technisch wird die Wiederbeschreibbarkeit meist in Form eines EEPROM-Chips[6] ausgeführt. [Knos04]

Tags sind heute in einer Vielzahl an Formen und Größen erhältlich. Öfters werden sie in Plastikkarten von der Größe einer Kreditkarte eingebaut (beispielsweise in Zutritts-

[6] Electrical Erasable and Programmable Read Only Memory

karten für Gebäude), sehr kleine Tags, wie zum Beispiel unlängst von der Firma *Hitachi* vorgestellt, messen nur noch 0.4x0.4x0.15 mm und können damit vom menschlichen Auge kaum noch wahrgenommen werden. [Robs06] Dies ermöglicht den Einsatz in einer Vielzahl von Produkten, oft auch ohne Kenntnis aller beteiligten Personen. Auf diese Problematik wird in Kapitel 5.4 näher eingegangen.

Zur Veranschaulichung soll noch kurz der Prozess der Herstellung von RFID-Tags am Beispiel von *RFID-Etiketten*, also Tags zum Aufkleben oder Anhängen an Waren, angesprochen sein: Der Speicherchip[7] und die Antenne[8] werden entweder mithilfe eines Klebers oder einer Metallbrücke miteinander verbunden, anschließend wird das Etikett laminiert, d.h. auf der Unterseite mit einer Klebeschicht überzogen, und auf der Oberseite mit Papier oder Kunststoff abgedeckt. Auf diese Abdeckung können dann mit herkömmlichen Offset-Druckverfahren Beschriftungen aufgebracht werden. [Kern07] Firmen wie *Zebra*[9] oder *Printronix*[10] bieten sogenannte „RFID Printer“ an, also Druckergeräte, die in einem Schritt die erwähnten RFID-Etiketten programmieren und bedrucken können.

3.3 Lesegeräte

Geräte zum Auslesen der Tags besitzen zumindest eine Antenne, ein Sender/Empfänger-Modul zur Decodierung/Vercodierung der Daten und einen Mikroprozessor. Aufgabe des Lesegerätes ist es, mit dem Tag zu kommunizieren und (zumindest passive Tags) mit Energie zu versorgen. Lesegeräte sind sowohl in fest angebrachter Version (zB an einer Wand montiert) oder in der Hand tragbar[11] möglich. Weiters benötigt das Lesegerät eine Stromversorgung, entweder in Form einer Batterie oder über ein Kabel zu einer anderen Stromquelle. [Kern07] „In other words, a reader is an electronic component that

[7] auf die Chipproduktion selbst kann an dieser Stelle nicht näher eingegangen werden.
[8] die entweder geätzt oder aus einer Paste mit Silberpartikeln gedruckt wird
[9] http://www.zebra.com
[10] http://www.printronix.com
[11] daher auch ihre Bezeichnung als *handhelds*

Abbildung 1: RFID-Printer *SL500r MP2* der Firma *Printronix*.
Quelle: http://www.printronix.com

is capable of communicating with tags and supplying energy to them.“ [Xiao07]

Ein typisches Einsatzszenario kann also wie folgt aussehen: Befindet sich ein Tag in der Nähe eines Lesegeräts (genauer gesagt in dem vom Lesegerät erzeugten elektromagnetischen Feld) und erhält er von diesem einen entsprechenden Impuls, so sendet er die verlangte Information, beispielsweise einen Code zur eigenen Identifikation. Nachdem das Lesegerät die Information erhalten hat, kann es diese entweder kabelgebunden oder wieder drahtlos, zB über WLAN oder Bluetooth, an einen Computer übertragen, der die erhaltene Information mit einer Datenbank abgleicht oder einem menschlichen Anwender über einen Bildschirm präsentiert. Nähere Anwendungsbeispiele, insbesondere aus der Warenwirtschaft, folgen in Kapitel 4.

Es sind also Einsatzgebiete möglich, bei denen auf den Tags nur eine ID zur Identifikation des Tags gespeichert wird und alle dazugehörigen Informationen mithilfe dieser

ID aus einer Datenbank, die auf einem Server im Hintergrund abgelegt ist, geholt werden. Der Tag „gibt nur einen Zugang oder eine Berechtigung zum Bezug von Daten aus. Erst die Datenbank liefert die notwendigen Informationen zum Objekt." [Kern07] Ein Vorteil dieses Ansatzes ist, dass auf dem Tag nur wenig Speicherplatz benötigt wird und damit kostengünstige Tags zum Einsatz kommen können. Alternativ sind Tags mit größerer Speicherkapazität möglich, die selber weitere Informationen zu ihrem Trägerobjekt enthalten. „Diese ermöglichen off-line-Anwendungen[12] und benötigen eine geringere Infrastruktur." [Kern07]

Im Gegensatz zu passiven Tags können aktive Tags auch so konfiguriert werden, dass sie kontinuierlich ein sgn. „Beacon signal" senden, d.h. die Daten nicht jedesmal durch das Lesegerät per Impuls angefordert werden müssen, sondern periodisch unaufgefordert gesendet werden. [Xiao07]

RFID erlaubt, im Gegensatz zum Barcode, eine Verwendung auch wenn kein Sichtkontakt zwischen Tag und Lesegerät besteht, d.h. auch bei widrigen Umweltbedingungen, wie Nebel oder Schnee, aber zB auch durch Containerwände. Durch die sehr schnelle Arbeitsweise des Systems (Antwortzeiten der Tags kürzer als 100 ms) ist es möglich, viele hundert Tags praktisch gleichzeitig zu verarbeiten. Tags können auch mit Sensoren gekoppelt werden - so kann beispielsweise die Temperatur verderblicher Güter sehr schnell und einfach überwacht werden. [Robe06] Der Tag zeichnet die Temperatur in regelmäßigen Abständen in seinem Speicher auf, anschließend können die Aufzeichnungen mithilfe des Lesegeräts ausgelesen werden. [Kern07]

3.4 Frequenzbereiche

Die Funkfrequenzen, auf denen RFID operieren kann, unterliegen der entsprechenden Regulierung durch Telekommunikationsbehörden, um andere Anwendungen (Mobilfunk, Radiosender,...) vor Störungen zu schützen. [Kern07] Somit sind international verschie-

[12] also Anwendungen ohne Verbindung zu einem System im Hintergrund, Anm. d. Verf.

dene Frequenzbereiche für RFID in Verwendung, obgleich an einer Standardisierung gearbeitet wird. Zu bemerken ist, dass passive Tags vorwiegend auf niedrigen Frequenzen arbeiten und dabei eine Reichweite von ungefähr 30 Zentimetern bis zu 5 Metern erreichen, während aktive Tags auf hohen Frequenzen, zB für Mautabrechnung oder Containerverfolgung, bis zu 100 Meter erreichen können. Neben der Reichweite steigen auch die Lesegeschwindigkeit[13] und die Herstellungskosten mit der Frequenz. [Robe06] Ein weiterer Nachteil hoher Frequenzen ist der folgende: „Generell werden elektromagnetische Wellen in ihrem Verhalten dem sichtbaren Licht immer ähnlicher, je höher die Frequenz ist. Dies bedeutet, dass dann zunehmend Reflektionen auftreten, oder beim Durchdringen gewisser Medien Verluste auftreten können.“ [Kern07]

Der Tag kann auf der gleichen Frequenz zurücksenden, auf der auch das Lesegerät seine Anfrage gesendet hat, oder aber eine andere verwenden. In der Praxis sind aber meist Systeme anzutreffen, bei denen Tag und Lesegerät auf der selben Frequenz arbeiten. [Kern07]

Die folgende Tabelle gibt einen Überblick über verschiedene gängige Frequenzen für den Einsatz von RFID:

Bezeichnung	**Frequenz**
LF (Low Frequency)	125 - 134 kHz
HF (High Frequency)	13,56 MHz
UHF (Ultra High Frequency)	868 bzw. 915 MHz
Mikrowellenbereich	2,45 bzw. 5,8 GHz

Tabelle 1: Einteilung und Bezeichnungen von RFID-Frequenzen [nach BSI04]

Systeme im niedrigen Frequenzbereich werden aufgrund ihrer niedrigen Datenübertragungsrate überwiegend dort eingesetzt, wo nur kleine Datenmengen übertragen werden müssen. Dies ist zum Beispiel bei der Tieridentifikation oder bei Zugangskontrollsystemen und KFZ-Wegfahrsperren der Fall. [Scho05]

[13] da pro Zeiteinheit mehr Schwingungen auftreten

Die Frequenz 13,56 MHz gehört zu den im RFID-Bereich am meisten verwendeten überhaupt. Hier sind Reichweiten von 1-2 Metern üblich, bei Übertragungsraten, die Datenmengen von mehreren zehn Kilobyte realistisch werden lassen. Weiters ist diese Frequenz weltweit zugelassen. Ein häufig genutztes Anwendungsgebiet für 13,56 MHz ist der automatisierte Verkauf in Supermärkten und Warenhäusern, insbesondere wenn viele Tags auf einmal erfasst werden sollen. [Scho05]

Der Ultra-Kurzwellenbereich (UHF, in Europa speziell 868 MHz, in den USA 915 MHz) hat seinen Einsatz vor Allem im industriellen Bereich und in der Logistik. Beispiele sind die Erfassung von Euro-Paletten oder Containern. Hauptvorteil der hohen Frequenz ist die schnelle Übertragungsrate, als Nachteile können die höhere Störanfälligkeit beim Durchdringen von Gegenständen und die fehlende weltweite Frequenznormung genannt werden. [Scho05]

Der Mikrowellenbereich (Frequenzen zB 2,45 GHz und 5,8 GHz) mit seiner sehr hohen Reichweite eignet sich beispielweise für den Logistik-Bereich und bei der Mauterfassung. Wegen der bei diesen Anwendungen großen Abstände zwischen Tag und Lesegerät kommen überwiegend aktive Tags mit eingebauter Batterie zum Einsatz. Die Störanfälligkeit, beispielsweise für Regen, Schnee und Nebel ist noch höher als im UHF-Bereich. Weiters gibt es ein Problem bei der Durchdringung von Wasser: Die Energie der Mikrowellensysteme wird nämlich von Wasser absorbiert und in Wärme umgewandelt[14]. Daher sind Mikrowellen-Tags ungeeignet für alle Gegenstände, die Wasser enthalten. Weiters spielt auch die Ausrichtung der Antenne eine Rolle, was in niedrigeren Frequenzbereichen nicht der Fall ist. Ein weiterer Nachteil sind die zwischen den Staaten abweichenden Vorschriften über zugelassene Frequenzbereiche. [Scho05]

[14] dies ist das Funktionsprinzip des jedermann bekannten Mikrowellenherdes.

3.5 Kollisionsbehandlung

> „Eine besondere Herausforderung besteht, wenn sich mehrere RFID-Tags gleichzeitig im Lesebereich befinden und ihre Identifikationsnummer an das Lesegerät senden. Da alle Tags eines bestimmten Typs im selben Frequenzbereich senden, überlagern sich deren Signale und das Lesegerät kann keines der Tags identifizieren (*Kollision*).“ [BSI04]

„Tags cannot sense the presence of other tags and therefore, an anti-collision algorithm is needed to reduce collision among tags.“ [Xiao07]

„Antikollision bedeutet das Auseinanderhalten mehrerer Transponder im gleichen Lesefeld eines Lesegerätes, um mit diesen einzeln zu kommunizieren.“ [Kern07] Es wurden mittlerweile verschiedene Verfahren entwickelt, um eine Antikollision zu erreichen:

Das *Frequenz-Multiplexverfahren* ist eines der wirkungsvollsten, weil es ein gleichzeitiges Antworten aller Tags an das Lesegerät erlaubt. Jeder Tag verwendet dabei eine andere Frequenz - das Lesegerät ist darauf programmiert, Daten aus einem bestimmten Frequenzbereich, der eben alle Tags abdeckt, anzunehmen. Allerdings ist das Verfahren durch die Anzahl der zur Verfügung stehenden Kanäle begrenzt. [Kern07]

Beim *Aloha-Verfahren*[15], einer Ausprägung der *Zeit-Multiplexverfahren*, sendet das Lesegerät ein Signal an alle Tags in der Umgebung, sich zu identifizieren. Diese reagieren allerdings erst mit einer von jedem einzelnen Tag unabhängig gewählten zufälligen Zeitverzögerung. „Da die Datenübertragung eines Tags verglichen mit der Dauer des Request-Intervalls kurz ist, kommt es bei einer begrenzten Anzahl von Tags im Lesebereich nur sehr selten zu einer Kollision. Durch mehrfaches Durchlaufen des Request-Zyklus haben alle Tags eine hohe Chance, ihre ID-Nummer mindestens einmal kollisionsfrei zu übertragen.“ [BSI04] Je größer die Anzahl der Tags und je länger das zu

[15] der Name ist vermutlich der Tatsache geschuldet, dass es erstmals auf Hawaii beim Aufbau eines Funknetzes genutzt wurde.

übermittelnde Signal ist, desto größer ist allerdings die Gefahr der gegenseitigen Behinderung, sodass die Datenübertragungsrate deutlich zurückgeht. Abhilfe ist zB in Form des *slotted Aloha-Verfahrens*[16] möglich, bei dem jedem Tag vom Lesegerät ein Zeitintervall zugeteilt wird. Insgesamt eignet sich das Aloha-Verfahren also besonders dann, wenn nur relativ geringe Datenmengen übertragen werden sollen. [Kern07]

Im Gegensatz zum Aloha-Verfahren erfolgt beim sgn. *Tree-Walking-Verfahren* eine aktive Selektion der Tags durch das Lesegerät, basierend auf der in den Tags gespeicherten ID-Nummer: Adressiert werden zunächst alle RFID-Tags deren ID mit einem bestimmten Wert beginnt (zB binär 0) - antworten mehrere, wird die ID solange verfeinert, bis nur noch ein einziger Tag antwortet.

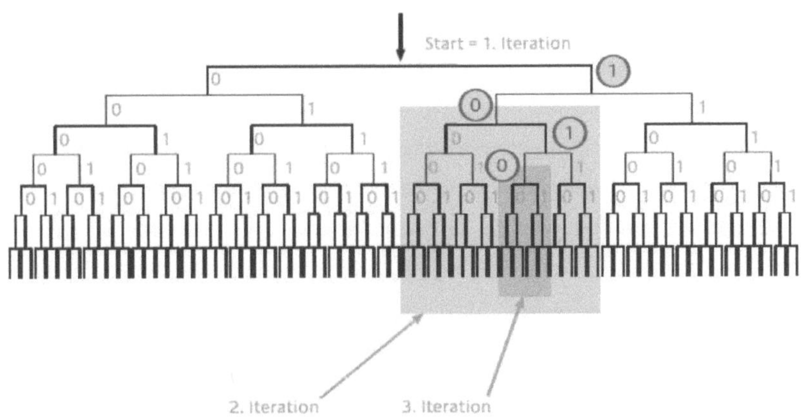

Abbildung 2: Binärer Suchbaum (*Tree-Walking-Verfahren*). Mit der sukzessiven Verkleinerung des Suchbereichs kann schließlich ein einzelner Tag identifiziert werden. [Fink06]

[16] abgekürzt *S-ALOHA*

4 Einsatz

Die Einsatzmöglichkeiten von RFID sind sehr vielfältig - mit etwas Phantasie kann man sich für fast jeden Lebensbereich oder Industriezweig eine Verwendung vorstellen. An erster Stelle ist ein Einsatz jedenfalls dort möglich, wo zurzeit der Barcode verwendet wird - also vor Allem in der Logistik und im Einzelhandel. Diesen Industriezweigen soll daher in diesem Kapitel großer Platz eingeräumt werden und speziell auch die Konkurrenzsituation „Barcode contra RFID" beleuchtet sein. Daneben ermöglicht RFID auch ganz neue Anwendungen, die entweder Unternehmen in der Industrie oder Konsumenten im Alltag einen Gewinn beispielsweise an Sicherheit oder Komfort bringen. Auch auf einige dieser Bereiche soll exemplarisch eingegangen werden.

Generell ist festzustellen, dass in der Literatur sehr viele Arbeiten existieren, die Zukunftsszenarien und Visionen dessen malen, was mit RFID technisch alles möglich wäre. Diese Arbeit hingegen hat das Ziel, gegenwärtige Anwendungen zu beleuchten und vor Allem das Verhältnis von Kosten und Nutzen, durchaus auch kritisch, zu hinterfragen. Der eine oder andere Leser mag beispielsweise vielleicht schon von der Vision eines „intelligenten Kühlschranks" gehört haben, der anhand der RFID-Tags der Waren in seinem Kühlfach erkennt, wann Lebensmittel ihr Haltbarkeitsdatum erreichen oder aufgebraucht werden, und automatisch neue Waren über das Internet nachbestellt. Technisch sind solche Anwendungen bereits heute möglich - dennoch sind sie aufgrund zu hoher Kosten und kaum bis nicht vorhandener Nachfrage bisweilen nicht zur Marktreife gelangt und bleiben Zukunftsmusik, auf die in dieser Arbeit nicht näher eingegangen wird. Im Folgenden werden nun also die zum gegenwärtigen Zeitpunkt wichtigsten Anwendungsfelder von RFID untersucht.

4.1 Einsatz in der Logistik

> „In der Logistik liegen die wichtigsten und vielseitigsten Anwendungsgebiete von RFID. Mit Hilfe von RFID lässt sich die Logistik-Kette lückenlos

überwachen und mit den so gewonnen Informationen auch steuern." [Scho05]

Der Barcode dient in der Logistik ebenso wie RFID der automatischen Identifizierung von Gütern, beide sind also sogenannte „Auto-ID-Technologien". Erste Entwicklungen des Barcodes gehen in das Jahr 1949 zurück, der breite Einsatz begann in den 1960er und 70er-Jahren. Das Funktionsprinzip besteht darin, Ziffern als Balken darstellen. Lesegeräte sind sowohl als tragbare Geräte[17] als auch fest installiert verbreitet[18]. [Kern07] „Barcodes are a line-of-sight technology. That is, a scanner has to „see" the barcode to read it." [Atta07] Das am weitesten verbreitete Verfahren in der Logistik ist der *EAN-13-Code*[19], bei dem 13 Ziffern dargestellt werden[20]. Für jede Ziffer ist dabei ein bestimmtes „Balkenmuster" definiert - damit ist sowohl das automatisierte Drucken der Barcodes als auch das Lesen und „Übersetzen" der Balkenmuster in Ziffern möglich. Anschließend kann die gelesene Zahl in einer Datenbank abgeglichen werden und, wie bei RFID, weitere Informationen zur Identifikationszahl gefunden werden. [Scho05]

Gegenwärtig befindet sich der *Electronic Product Code (EPC)* in Standardisierung, der eine Umsetzung und Erweiterung der beschriebenen EAN für RFID-Tags erreichen soll. Beteiligte Gremien sind die Organisation *EPCglobal*, das *Massachusetts Institute of Technology (MIT)* und einige andere Universitäten. Mit EPC soll es möglich sein, einen (in Bezug auf die Speicherung der Daten) standardisierten „EPC-RFID-Tag" zu entwickeln, der mehr Informationen als EAN beim Barcode speichern kann und dennoch eine gewisse Abwärtskompatibilität gewährleistet. [Xiao07]

Möglich ist in der Logistik sowohl eine Kennzeichnung einzelner Güter, als auch von übergeordneten Einheiten wie Paletten oder Containern. Zweck des Einsatzes von RFID in der Logistik ist es also, Güter eindeutig zu identifizieren und diese Identifizierung so weit wie möglich zu automatisieren. Dadurch lassen sich Kosten in der Logistik teilwei-

[17] oft als *Handscanner* bezeichnet

[18] hier ist als Beispiel eine Supermarktkasse zu nennen.

[19] *European Article Number*

[20] genauer gesagt 12 Ziffern, die die eigentlichen Daten bilden und eine Prüfziffer

se deutlich senken, insbesondere beim Erfassen von erhaltenen und abgehenden Waren. RFID in der Logistik soll dabei helfen, Prozesse effizienter zu gestalten, Rationalisierungspotentiale in unternehmensübergreifenden Wertschöpfungsketten zu finden und Waren über das ganze Logistiknetzwerk hinweg zu verfolgen. Die Unternehmensberatung Booz Allen Hamilton führte 2004 eine Studie gemeinsam mit der Universität St. Gallen durch und kam dabei zu dem Schluss, dass sich „RFID in denjenigen Branchen, in denen aufgrund hoher Nachweispflichten höchste Prozesssicherheit erforderlich wird und zudem ein geschlossener Logistikkreislauf die Wiederverwendbarkeit der bislang noch teuren Tags sicherstellt“ rechnen kann, wozu insbesondere die Automobilindustrie zählt. Der Handel und die Konsumgüterindustrie könnten zur Zeit aufgrund der hohen Investitionskosten noch kein ertragreiches Kosten-Nutzen-Verhältnis erzielen. [BSI04]

Eine konkrete Einsatzmöglichkeit für RFID in der Logistik ist insbesondere die *Teileversorgung*: zB bei Wareneingangskontrollen, Inventuren und Etikettierungen bringt eine automatische Datenerfassung große Vorteile. Obgleich der Barcode hier schon sehr hilfreich ist, kann RFID seinen Vorteil der *Pulk-Erfassung*[21] ausspielen, ebenso wie die Tatsache, dass die Orientierung des Objekts in der Regel keine Rolle für die Erfassung des Tags spielt, während beim Barcode das Lesegerät ja direkt auf das Etikett gehalten werden muss. RFID kann bei der Teileversorgung also in erster Linie zu einer Beschleunigung der Prozesse führen. [Stra05]

Ein weiteres Anwendungsfeld von RFID in der Logistik gibt folgendes Zitat wieder:

> „RFID-Systeme werden zunehmend zur logistischen Optimierung von verkehrlichen Umschlagsplätzen wie Häfen oder Flughäfen genutzt. Auf dem Container Terminal Altenwerder (CTA) des Hamburger Hafens werden bereits heute Verladung, Zwischenlagerung und Weitertransport der standardisierten Stahlboxen nahezu lückenlos von einem Computerprogramm organisiert. Sieben halbautomatische Brücken am Kai platzieren die Container

[21] damit wird das gleichzeitige Erfassen vieler Tags bezeichnet.

> präzise auf 35 fahrerlose Lastwagen, die - über Transponder geleitet - jeweils einen der 11 Lagerblöcke ansteuern. Auf dem CTA-Gelände werden die Routen der automatischen Fahrzeuge über einen Computer geplant und gesteuert. Ein feinmaschiges Netz von im Asphalt integrierten Transpondern kontrolliert dabei ständig die Position der Fahrzeuge in dem 100 mal 1.400 Meter großen Areal zwischen Kai und Lager.“ [BSI04]

Unternehmen erhoffen sich vom Einsatz von RFID in der Logistik insbesondere eine transparentere Überwachung von Warenflüssen in Echtzeit, die umfangreichere und zuverlässigere sowie schnellere Verfügbarkeit von Daten und damit auch die mögliche Optimierung von Prozessen, was im Ergebnis auch geringere Lagerhaltung, besseres Bestellmanagement und damit auch seltener den Fall, dass ein Artikel nicht mehr vorhanden ist[22], zur Folge haben soll. Als große Herausforderung muss aber bedacht werden, dass Lieferketten in der Logistik oft sehr lang sein können und viele Parteien beteiligt sind - zum Beispiel ein Hersteller, Transportunternehmen, Flughäfen, Seehäfen usw. Um das Potential von RFID ausschöpfen zu können, ist es erforderlich, dass an allen Stufen mit RFID gearbeitet wird und alle den gleichen Standard zur Speicherung der Daten verwenden. [Wu06]

Unterstrichen wird dies auch durch eine empirische Untersuchung in [Vija06]: Befragt wurden 211 Unternehmen aus den Bereichen der Industrie, Lagerung/Logistik, Großhandel und Einzelhandel. Unternehmen, die RFID noch nicht implementiert hatten, gaben die Unsicherheiten bezüglich erwartetem Nutzen und Rentabilität sowie zu hohe Investitionskosten als maßgebliche Gründe an. Weiters genannt wurden Unsicherheiten bei der Integration in bestehende Softwaresysteme sowie das Fehlen von RFID-Standards. Bedenken bezüglich Sicherheit und Privatsphäre spielten kaum eine Rolle. Bei den Unternehmen, die RFID bereits eingeführt hatten, war die entsprechende Verpflichtung als Zulieferer von Wal-Mart[23] mit Abstand der meistgenannte Grund, gefolgt von besserer

[22] im englischen mit *out-of-stock* bezeichnet

[23] näheres hierzu folgt gleich in Kapitel 4.2

Transparenz im Lager- und Lieferungsmanagement. Kostenreduktion und Sicherheitsgewinn spielten nur eine sehr untergeordnete Rolle. Wenn Kostensenkungen erwartet wurden, dann hauptsächlich in Form von geringerem „Out-of-stock“ und Schwund, weiters durch geringere Personalkosten. Interessant ist auch, dass die Frage, wie zufrieden Unternehmen mit ihrer RFID-Implementierung sind, auf einer Skala von 1 bis 5 (wobei 5 das beste Ergebnis wäre) nur mit 1,93 bewertet wurde. Bezüglich der weiteren Aussichten für RFID herrschte Einigkeit: „All of the survey participants (both adopters and non-adopters) were asked about their opinions on the future of RFID. There was a strong agreement among the respondents that retailers will see both cost savings and benefit from RFID and retailers will gain more than manufacturers.“ [Vija06] Generell lässt sich also feststellen, dass das Thema RFID bei Unternehmen in der Logistik bereits viel Beachtung genießt, aber viele Firmen mit einer konkreten Umsetzung noch zuwarten, weil ihnen die Unsicherheiten zu groß erscheinen.

4.1.1 Vorteile gegenüber dem Barcode

[Glas07] fasst einen wesentlichen Unterschied zum Barcode wie folgt zusammen:

> „Although bar codes identify the type of item to which they are attached, they are not unique to each item. All products of the same kind and brand have the same bar code. An RFID tag, on the other hand, can be associated with the history of an individual item: where it was manufactured, the date it was sold, when it was destroyed.“

Das bedeutet also, dass beispielsweise im Einzelhandel sich nicht nur der Produkttyp in Form einer Artikelnummer speichern lässt, sondern eine pro einzelnem Exemplar jedes Artikels eigene ID, über die sich dann aus einer Datenbank weitere Informationen zu diesem speziellen Exemplar lesen lassen, wie zB das Ablaufdatum, Produktionsdatum, Details zur Anlieferung usw. [Lock05]

Als weiterer Unterschied gegenüber Barcodes kann bei RFID die schon oben erwähnte

Kombinierbarkeit mit Sensoren angeführt werden. So ist es zum Beispiel im Gesundheitsbereich möglich, bei Blutkonserven Abweichungen von der vorgeschriebenen Lagerungstemperatur festzustellen. [BSI04] Hinzu kommen die höhere Speicherkapazität, die größere Entfernung auf die ein Auslesen möglich ist und die Tatsache, dass keine direkte Sichtverbindung zwischen Tag und Lesegerät bestehen muss. Außerdem ist bei wiederbeschreibbaren Tags eine Veränderung der Daten auch nach der Herstellung des Tags möglich. Weiters spielt die Ausrichtung des RFID-Tags in der Regel keine Rolle, und die Anfälligkeit in Bezug auf Verschmutzung ist deutlich geringer. Durch diese Vorteile ergeben sich nicht unbedingt neue Anwendungsgebiete für automatisierte Identifikation - RFID kann in der Logistik vielmehr als eine Weiterentwicklung gegenüber dem Barcode gesehen werden, die einige Verbesserungen beinhaltet und damit die Verarbeitung schneller und zuverlässiger macht. [Scho05]

Für den Barcode auf der anderen Seite sprechen auch heute noch seine geringen Kosten: „Barcodes können heute mit frei verfügbaren Computerprogrammen und auf Standarddruckern generiert werden, so dass nur noch die Druck- und Etikettenkosten anfallen.“ [Kern07]. Hiermit verbunden ist auch die „einfache Applizierbarkeit“, das heißt der Einsatz ist relativ unkompliziert und ohne große Hilfsmittel möglich. Als Nachteile des Barcodes sind insbesondere zu sehen, dass die Druckqualität variieren kann und der Barcode zudem leicht kopierbar (fälschbar) ist. [Kern07]

4.2 Einsatz im Einzelhandel

Im Einzelhandel müssen zwei Dimensionen auseinandergehalten werden:

1. *Einsatz für Zulieferer*: Ein Einzelhandelsunternehmen verwendet RFID, um die Anlieferung der Waren, die verkauft werden sollen, zu vereinfachen. Hierbei reicht es aus, die Liefergebinde[24] mit RFID-Tags auszustatten bzw ausstatten zu lassen, nicht jeden einzelnen Artikel. Dies hat den Vorteil, dass die Tags zum Teil auch wiederverwendet werden können. [Smit05]

[24] also zum Beispiel Euro-Paletten

2. *Einsatz für Kunden*: RFID-Tags werden auf jedem einzelnen Artikel angebracht[25], und verändern den Einkaufsvorgang für den Kunden. Ein manuelles Auflegen der Artikel auf das Förderband bei der Kasse entfällt.

4.2.1 Einsatz für Zulieferer

Wal-Mart, das größte Einzelhandelsunternehmen der Welt, gab im Juni 2003 bekannt, dass ab Jänner 2005 jeweils die Top 100 Lieferanten jeder Filiale ihre Warenverpackungen bzw. Paletten (nicht die einzelnen Produkte) mit RFID-Tags ausstatten müssen. Weitere 200 Lieferanten hatten diese Bedingung ab 2006 zu erfüllen. Dieser Schritt führte zu einem deutlichen Schub für RFID, Schätzungen gingen davon aus, dass alleine für die Top 100 Lieferanten eine Nachfrage nach ca. 1 Milliarde Tags pro Jahr entstehen würde. Wichtig sind in diesem Zusammenhang aber nicht nur die Tags selbst, sondern auch die Tatsache, dass die Art der Informationsspeicherung darauf kompatibel zu Wal-Marts Produktdatenbank sein muss. Dies brachte für die Zulieferer kurzfristig Kosten von jeweils mindestens 200.000 US-$ mit sich. [Smit05] Tatsächlich konnten die von Wal-Mart vorgegebenen Ziele aber großteils erreicht werden. Ein sehr nützlicher Nebeneffekt war, dass RFID-Tag-Produzenten ihre Kapazitäten deutlich ausweiteten und somit die Preise für Tags auf 5-10 cent pro Stück sanken. [Lock05] [Xiao07] hingegen hebt, durchaus auch kritisch, das sich abzeichnende Abhängigkeitsverhältnis in der Lieferkette hervor: „Naturally, when Wal-Mart moves, its suppliers and other companies follow. In fact, history shows that when Wal-Mart moves on a technology that has massive potential in the retail and supply chain industry, it is sure to find widespread use and success. When Wal-Mart declared in 1984 to use barcode as a better way to manage inventory, barcode became huge success soon after. No supplier of Wal-Mart can risk losing Wal-Mart's business, which is the reason that it is highly unlikely for a supplier to deny Wal-Mart's mandated RFID adoption.“

Die Hauptvorteile von RFID für Wal-Mart liegen in einer zuverlässigeren, schnelleren

[25]sogenanntes *item-level-tagging*

und günstigeren Erfassung der angelieferten Waren. Aufgrund der Tatsache, dass für die Erfassung von RFID-Tags keine Sichtverbindung zwischen Tag und Lesegerät notwendig ist, kann es auch nicht mehr vorkommen, dass Waren „übersehen werden". Schätzungen gehen davon aus, dass zur Zeit ca. 6-10% der Waren im Handel aufgrund schlechter Sichtbarkeit übersehen werden. [Lock05] Weiters können Waren nun schneller erfasst werden, da nicht mehr jeder Artikel einzeln per Hand, sondern viele Artikel auf einmal automatisiert erfasst werden können. Wal-Mart schätzte die Einsparungen durch RFID auf insgesamt 407 Millionen US-$ pro Jahr. [Lock05] „With RFID technology, manufacturers can cut labor costs since products can be marked and inventoried while on conveyor lines, or during the loading/unloading of trucks at dock doors, or while handling the loads in warehouses or distribution centers. This can be done automatically and thus leads to labor savings." [Xiao07]

Als weiterer Vorteil ergibt sich ein besserer Schutz vor gefälschten Produkten, da ja jedes einzelne Exemplar mit einem RFID-Tag mit einzigartiger Seriennummer versehen werden kann. Auch lassen sich Rückrufaktionen besser abwickeln, weil unter Umständen nicht mehr pauschal alle Exemplare einer bestimmten Charge zurückgerufen werden müssen, sondern potentiell fehlerhafte Exemplare einzeln identifizierbar sind - außerdem lässt sich ein Verkauf verhindern, wenn dieser noch nicht erfolgt ist: „It is convenient to control product recalls by quickly locating all the 'suspect' goods in the store and program their IDs into the registers to prevent customers from buying those items." [Xiao07]

In der Arbeit von [Hing07] wurden die Auswirkungen von RFID-Tags im Einzelhandel auf die Zulieferer mithilfe von Interviews untersucht, also das Szenario, dass eine Einzelhandelskette von ihren Zulieferern verlangt, Waren mit RFID zu versehen (wie im beschriebenen Beispiel bei Wal-Mart). Als Hauptproblem erwiesen sich dabei die Kosten, die für die Zulieferer ein großes Problem darstellen, obgleich auch Modelle gefunden wurden, bei denen der Einzelhändler zumindest die Kosten für die Tags übernahm, wobei für den Zulieferer immer noch die Systemanschaffungskosten übrigblieben. Generell gingen die befragten Zulieferer von einer weiteren Zunahme der RFID-Technik in der Zukunft aus und bejahten grundsätzlich die Existenz von Vorteilen zB in Form einer schnelleren, weniger personalintensiven und fehlerfreieren Kommissionierung der Waren, auch wenn sich die Vorteile nicht genau quantifizieren und zeitlich bestimmen ließen. Gleichzeitig betonten sie aber auch, dass eine weitere Standardisierung der Tags notwendig sei; inbesondere müsse vermieden werden, dass am Ende jede Einzelhandelskette eigene proprietäre Tags verlangt.

4.2.2 Einsatz für Kunden

Nicht nur in den USA, sondern auch in Europa kommt RFID im Einsatzhandel zum Einsatz. Die deutsche *METRO AG* erprobte in Versuchsmärkten[26] folgendes Szenario: Zunächst geht der Kunde wie gewohnt durch die Regale und legt die gewünschten Artikel in seinen Einkaufswagen. Änderungen gibt es jedoch an der Kasse: „Der Kunde fährt mit seinem Wagen direkt vor den [RFID-]Reader und in nur wenigen Sekunden stellt die automatische Kasse die Rechnung aus. Durch den Einsatz von Anti-Kollisionsmechanismen muss der Kunde die Waren nicht einmal mehr auf das Band legen.“ [Scho05] Freilich ist es dazu erforderlich, dass alle Waren mit RFID-Tags versehen sind. Gewerkschaften befürchten bei vollständigem *item-level-tagging* verbunden mit bargeldlosem Bezahlen den Verlust von Arbeitsplätzen, da keine Kassiere mehr erforderlich wären. Gehemmt wird der Einsatz von RFID im Einzelhandel derzeit noch vor Allem durch die Frage der Zuständigkeit (wer muss die RFID-Tags anbringen? Der Hersteller, der Großhändler, der Einzelhändler?) und durch die Kosten der RFID-Systeme. [Scho05] Es wird davon ausgegangen, dass sich RFID-Tags im Handel daher zunächst bei eher hochpreisigen Waren durchsetzen werden, bei denen die Kosten der Tags im Vergleich zum Warenwert sehr gering sind. [Luck04] Als weiterer Vorteil für die Händler ergibt sich, falls alle Waren mit RFID-Tags versehen sind, dass damit auch eine effiziente Diebstahlsicherung für alle Waren vorhanden ist[27].

[26] von METRO als *Future Stores* bezeichnet

[27] Näheres zur Funktionsweise einer Diebstahlsicherung mithilfe von RFID folgt in Kapitel 4.5.2

4.3 Einsatz in Bibliotheken

Durch RFID ist es möglich, drei Aufgaben, die in einer Bibliothek bisher getrennt geführt werden mussten, zusammenzufassen: [Yu07]

1. Den Barcode zur Identifizierung des Buches
2. Die oft noch verwendete Karte aus Papier, auf der der aktuelle Entlehner und die Rückgabefrist eingetragen werden, und die meist in das Buch eingelegt wird
3. Die üblicherweise aus einem Metallstreifen bestehende Diebstahlsicherung des Buches

Weiters können Prozesse in Bibliotheken vereinfacht werden: Borgt jemand mehrere Bücher aus, so muss nicht mehr der Barcode jedes Buchs einzeln hintereinander eingescannt werden, sondern es können mehrere Bücher auf einmal schnell mithilfe eines RFID-Lesegeräts erfasst werden.

Außerdem sind Systeme denkbar, bei denen Kunden beim Betreten der Bibliothek am RFID-Tag in ihrem Bibliotheksausweis erkannt werden und ihnen daraufhin auf einem Bildschirm ihre offenen Entlehnungen, diverse Sonderangebote, neue möglicherweise interessante Bücher udgl präsentiert werden. (Freilich ist dies auch mit einem Barcodesystem möglich, d.h. neben dem Bildschirm wird ein entsprechendes Lesegerät für den Bibliotheksausweis mit Barcode angebracht.)

Nicht nur für die Kunden, auch für die Bibliothek sind Vorteile möglich: Mitarbeiter können mit einem RFID-Lesegerät durch die Regale gehen und automatisch falsch eingestellte Bücher identifizieren: Das Lesegerät erkennt welche Bücher im Regal stehen und vergleicht diese mit einem gespeicherten Aufstellungsplan - ist ein Buch dabei, das nicht im Aufstellungsplan aufscheint, wird eine entsprechende Meldung ausgegeben. [Yu07] Eine Variante könnte man auch für die Kunden anbieten: Lesegeräte ermöglichen es, durch die Gänge zu gehen und sich am Display des Geräts nähere Informationen zu einem im Regal stehenden Buch oder zu ähnlichen Bücher mit deren Aufstellungsort anzeigen zu lassen.

Die Umstellung von einem Barcode-System zu RFID in Bibliotheken wird derzeit aufgrund der Kostenproblematik gehemmt: Bei Beständen von tausenden Büchern fallen zunächst Kosten für die Tags an, weiters für Lesegeräte, Computersysteme im Hintergrund und deren Software sowie ein großer Arbeitsaufwand für die Mitarbeiter in der Umstellungs- und Testphase, speziell beim Programmieren und Anbringen der Tags in den Büchern. Weiters muss bedacht werden, dass das Risiko eines Fehlschlags des neuen RFID-Systems (Betriebsstillstand für mehrere Tage!) für die Bibliothek große Kosten mit sich bringen kann. Die Neigung, ein gut funktionierendes Barcodesystem gegen ein RFID-basiertes auszutauschen, ist daher angesichts des Vergleichs von Nutzen und Kosten eher gering. Es macht keinen Sinn, einfach von Barcode auf RFID umzustellen, um nun ein RFID-basiertes System zu haben, sondern es braucht eine Art „Killer Application“ für RFID, die für die Bibliothek und/oder deren Nutzer sehr große Vorteile mit sich bringt, zurzeit aber nicht gesehen wird.

Inzwischen wurde unter dem Namen *BiblioChip* und dem ISO-Standard 15693 ein einheitlicher Standard für RFID-Tags in Bibliotheken geschaffen, sodass Bibliotheken nicht das Risiko eingehen, von einem Hersteller abhängig zu sein und im Extremfall alle Tags austauschen zu müssen, sollte dieser Hersteller beispielsweise eines Tages in Konkurs gehen. [Kern04]

In [Este07] können Details zum Einsatz der RFID-Technik in der Wiener Hauptbibliothek nachgelesen werden. Beim Ausleihen von Büchern reicht es, die Bücher auf ein entsprechendes Gerät zu legen und den eigenen Bibliotheksausweis einzugeben. „Das System erfasst alle Daten ohne Aufklappen des Buches und überprüft das Konto auf eventuelle offene Rückgabe von Büchern. Dies erfolgt stapelweise, d.h. der Kunde muss die Medien nicht einzeln auflegen und einscannen.“ [Este07]

4.4 Einsatz im Gesundheitsbereich

4.4.1 Patientenidentifikation

Für die Patientensicherheit in Krankenhäusern ist es wichtig, dass das reibungslose Zusammenspielen der Behandlungsschritte funktioniert - dies beinhaltet auch eine Vermeidung von Fehlern bei der Identifikation von Patienten. Um zu verhindern, dass beispielsweise Medikamente oder Blutkonserven an die falsche Person verabreicht werden oder gar der falsche Patient in den Operationssaal geschoben wird, ist es nötig, die Patienten richtig zu identifizieren - dies kann durch RFID effizienter und einfacher als bisher gestaltet werden: Für die Identifikation bietet sich zB ein Armband mit integriertem RFID-Tag an, das vom Patienten getragen wird und per Handscanner durch das Personal ausgelesen werden kann. Die Vorteile liegen insbesondere darin, dass das Auslesen auch dann erfolgen kann, wenn das Armband nicht sichtbar ist (zB unter einer Decke oder Kleidung verborgen), gleichzeitig werden unnötige Berührungen (Hygiene) vermieden. [Kern07] Im Klinikum Saarbrücken in Deutschland werden Patienten bereits seit 2005 bei der Einlieferung RFID-Armbänder angelegt, um sie später jederzeit identifizieren zu können, auch wenn sie nicht ansprechbar sind. Ab 2008 sollen auch Blutkonserven mit RFID-Tags versehen werden, über die ID des Tags können dann aus einer Datenbank weitere Kenndaten wie Herkunft, Menge, Blutgruppe usw gelesen werden. [Stie07] Eine weitere Anwendung besteht in einer „Diebstahlsicherung" für Neugeborene, um zu verhindern, dass diese aus dem Krankenhaus entwendet werden. [Xiao07]

Verwendet man RFID-Tags, um darauf personenbezogene Informationen zu speichern, so liegt ein großer Nutzen vor für den Fall, dass die Person nicht mehr in der Lage ist, selbst zu kommunizieren, beispielsweise weil sie nach einem Unfall bewusstlos in ein Krankenhaus eingeliefert wird. Ein Arzt könnte somit aus dem RFID-Tag schnell Informationen wie Name, Sozialversicherungsnummer und Blutgruppe eines Patienten auslesen. Zurzeit bleibt dies allerdings Theorie, denn zum einen müssten sich Menschen bereit erklären, einen entsprechenden RFID-Tag zu tragen (sei es in der Kleidung oder implantiert unter der Haut) und andererseits müssten in Spitälern Lesegeräte vorhanden sein. Weiters ergibt sich die bereits mehrfach an anderen Stellen erwähnte Problematik der Standardisierung:

> „The problem is amplified in the early days of application rollout, as the cost of readers may not be justified until the technology is considered mainstream. Also, as most readers only work with their respective proprietary transponders, questions regarding market monopolies and support for brand names arise.“ [Mast07]

Eine Alternative besteht darin, die Tags mit den persönlichen Informationen erst auf dem Weg zwischen Unfallort und Spital durch die Rettungskräfte an den Patienten anzubringen, um beispielsweise nach einem Unfall mit vielen Verletzten die Hektik im Spital reduzieren zu können, indem die eingelieferten Patienten einfacher und sicherer zugeordnet werden können. Die Daten sind dann bei der Ankunft der Patienten in der Klinik sofort und ohne Verwechslungsgefahr elektronisch lesbar. [Kern07]

Im Kontext der implantierbaren RFID-Tags wurden auch Versuche einer Kombination mit Sensoren angestellt. So ist es möglich, einen implantierten RFID-Tag mit einem Körperthermometer zu kombinieren oder allgemein, zB nach einer Operation, bestimmte Körperfunktionen zu überwachen. Das Biotechnologieunternehmen *M-Biotech* entwickelte einen implantierbaren RFID-Tag, der Blutdruck und Blutzuckerspiegel messen kann und damit geeignet ist, Diabetikern über ein außen am Körper getragenes Lesegerät eine Warnung anzeigen zu lassen, wenn kritische Werte erreicht werden. [Mast07] Die Hauptvorteile von RFID in den genannten Bereichen der Medizin liegen also vor Allem in einem möglichen Gewinn an Komfort und Lebensqualität für die Patienten - eine Heilung von Krankheiten oder Behinderungen durch RFID ist dagegen nicht möglich.

Bei den Nachteilen muss bedacht werden, dass das Implantieren eines RFID-Tags wohl überlegt sein sollte, da eine nachträgliche Entfernung nicht unbedingt einfach möglich sein muss. Hinzu kommt, dass es sich bei der *humancentric RFID technology* um ein sehr junges Feld handelt, auf dem Langzeitstudien nicht verfügbar sind. Wenn man fordert, dass jeder, der einen implantierten RFID-Tag trägt, darüber auch selbst bestimmen darf, so muss insbesondere gewährleistet sein, dass sich der Tag jederzeit deaktivieren lässt (was der Nutzer aber nicht überprüfen kann) oder entfernen lässt (was er nicht alleine durchführen kann).[28] Weiters sollte der Nutzer jederzeit wissen, welche Informationen auf seinem Tag gespeichert sind, ob diese korrekt sind und er sollte auch wissen wann, warum und wo der Tag ausgelesen wird. Dies dürfte in der Praxis aber schwer zu realisieren sein. „proximity to a reader, and not personal choice, may often be the only factor in deciding whether or not a transponder will be triggered.“ [Mast07] Insgesamt kann also der Bereich der implantierten RFID-Tags als noch in den Kinderschuhen angesehen werden, aus Kostengründen, Problemen bei der Interoperabilität der Systeme sowie aufgrund ungelöster rechtlicher/ethischer Fragen.

4.4.2 Chirurgie

Ein wichtiger Einsatzbereich von RFID in der Chirurgie liegt bei sogenannten „chirurgischen Tüchern“ oder Tupfern[29] die bei Operationen verwendet werden. Immer wieder kommt es vor, dass solche Tücher nach Operationen im Patienten verbleiben, was schwerwiegende gesundheitliche Folgen haben kann. Um dies zu verhindern, werden die Tücher vor und nach der Operation abgezählt, dennoch kann man sich leicht vorstellen, dass auch hier Fehler passieren können, speziell in hektischen Situationen oder wenn während der Operation Komplikationen auftreten. Daher werden Tücher seit langem bereits mit kleinen Metallstreifen ausgestattet, sodass man sie in einem Röntgenbild erkennen kann. Dieses Verfahren hat aber den Nachteil, dass man zunächst nach Beendigung der Operation ein Röntgenbild erstellen muss und wenn dort ein vergessener Tupfer entdeckt wird, eine erneute Operation beginnen muss, um diesen zu entfernen.

In [Roge07] ist ein Verfahren beschrieben, wie diesem Problem mithilfe von RFID begeg-

[28] Dies wird in der Literatur unter „ethische Fragen von humancentric RFID“ subsummiert.

[29] engl. „surgical sponges“

net werden kann: Jedes Tuch wird bei der Produktion mit einem RFID-Tag versehen, in dem eine eindeutige ID gespeichert ist. Mithilfe eines Lesegeräts kann man dann am Ende der Operation feststellen, ob sich in dem Behälter in dem alle Tücher gesammelt werden, auch wirklich alle Tücher befinden. Als Problem kann angeführt werden, dass die Lesbarkeit und Reichweite der Tags abnimmt, wenn diese während der Operation mit (viel) Wasser, Blut oder anderen Flüssigkeiten in Kontakt kommen. Durch den Metallgehalt der Tags sind allerdings auch diese in einem Röntgenbild erkennbar, d.h. sollte die Erkennung via RFID fehlschlagen, bleibt zusätzlich noch die bisherige Röntgen-Methode.

Zusammenfassend stellt [Roge07] fest:

> „...an RFID sponge inventory system can be envisioned wherein each sponge is read entering the OR, as it is being placed within the patient, and finally at the end of the operation itself. A list of each sponge's ID number from the beginning of the operation and at the end could be compared, with any discrepancies visible immediately. If a sponge is missing, the patient's body can then be scanned with the same handheld RFID reader to locate the approximate location of the tag within the patient's body.
>
> Any sponges that are left within a patient would be identified immediately, allowing retrieval before the surgeon closes up, thus eliminating the need to perform a second operation to retrieve the sponge."

Bleibt noch die Frage nach den Kosten und dem Nutzen: Positiv hervorzuheben sind sicherlich die Steigerung der Patientensicherheit, weiters kann man eine Effizienzsteigerung im Operationssaal annehmen, wenn das manuelle Abzählen der Tücher entfallen kann und weiters Röntgenuntersuchungen nach der Operation nicht mehr notwendig sind, um "vermisste" Tücher zu finden. Außerdem könnte der Einsatz von RFID im Operationssaal, richtig marketingtechnisch veröffentlicht, für Spitäler einen Imagegewinn und Kundenzuwachs bedeuten.

In [Roge07] werden als Kostenpunkt für ein operationssaal-taugliches RFID-Lesegerät

5000 US$ genannt; verglichen mit den ca. 2 Millionen $ die in den vergangenen 7 Jahren als Entschädigung an Patienten gezahlt werden mussten, die Schäden durch vergessene Tupfer davontrugen, also eine möglicherweise lohnende Überlegung. In der Arbeit von [Schw06] wird weiters angeführt, dass mit Kosten von ca. 0,05$ - 0,10$ pro Tag zu rechnen ist. Allerdings sind bis zum Masseneinsatz noch weitere Tests notwendig, auch wenn die bisherigen Prototypen bereits sehr überzeugende Ergebnisse liefern konnten. Beispielsweise führte das *Klinikum Rechts der Isar* in München umfangreiche Tests mit RFID-Tags auf OP-Tüchern, Tupfern, chirurgischen Instrumenten sowie den Ausweisen des Personals durch. [Stie07]

4.5 Weitere Anwendungen

4.5.1 Industrielle Produktion

> „Manufacturers are using RFID product tracking mechanisms to ensure accuracy. Parts can be individually tagged and tracked throughout the manufacturing process while on the production line.“ [Atta07]

Vor Allem der Wettbewerbsdruck und das Ziel, Kosten zu senken, haben bei den großen Automobilherstellern wie VW, Toyota oder General Motors immer wieder Innovationen in der Produktion hervorgerufen. So finden zB robotergestützte Produktion oder die Anlieferung von Teilen *just-in-time* gerade in dieser Industrie sehr große Verbreitung. Gleichzeitig steigen aber auch die Prozesskomplexität und damit auch die Anforderungen an die Prozesszuverlässigkeit. RFID ist hier eine hilfreiche Technik, um Teile durch die Produktion verfolgen zu können und die Zuverlässigkeit in der Fertigung zu erhöhen. „Der Automobilhersteller BMW verwendet ein RFID-System zur automatischen Identifikation von Kabelbäumen. (...) Die Kennzeichnung der Kabelbäume führt der Zulieferer Dräxlmeier durch, der täglich durchschnittlich 800 Kabelbäume nach den Just-in-time-(JIT-)Verfahren an das BMW-Werk in Regensburg liefert. Die RFID-Chips sind an der wieder verwendbaren Transporttasche des Kabelbaums angebracht. Die Kabelbäume sind fahrzeugindividuell und die Monteure müssen beim Einbau in ein Fahrzeug darauf achten, dass sie den richtigen Kabelbaum verwenden. Mittels eines RFID-Erfassungsgerätes identifzieren die Monteure den passenden Kabelbaum und vermeiden aufwendige Suchaktionen sowie Fehler bei der Auswahl." [Stra05]

> „Da in der Automobilindustrie ausschließlich auftragsgebunden produziert wird und zwei bestellte Fahrzeuge selten identisch sind, gehört die automatische Materialflussverfolgung in dieser Branche mittlerweile zu den wichtigsten Voraussetzungen für einen reibungslosen Betrieb." [BSI04]

Als Ergebnis kann also durch die Substitution traditioneller Datenerfassungstechniken durch RFID der Suchaufwand nach Teilen deutlich reduziert werden, wenn alle Teile mit RFID-Tags versehen und damit erfasst sind, d.h. ihre Position, Verarbeitungsstatus etc. bekannt sind. Weiters führt diese verbesserte Form der Qualitätskontrolle auch zur Vermeidung von Fehlern und damit zu einer höheren Prozessqualität - Fehler und Fehlerfolgekosten können reduziert werden. [Stra05]

Auch in der pharmazeutischen Industrie ist eine Zunahme des RFID-Einsatzes zu beobachten. So können hiermit mehrere Zwecke verfolgt werden: Zum einen belegen sie die Echtheit des Medikaments[30], zum anderen lässt sich mithilfe eines RFID-Sensor-Tags in der Verpackung beispielsweise eines Impfstoffes dessen Temperatur überwachen. [Este07]

4.5.2 Diebstahlsicherung

Auch wenn RFID-Tags in einem Unternehmen nicht zur Warenlogistik eingesetzt werden, ist dennoch ein Einsatz zur reinen Diebstahlsicherung von Waren möglich. Folgendes Prinzip wird im Handel seit vielen Jahren angewandt: An der Ware wird ein Tag mit einer Speicherkapazität von, im einfachsten Fall, 1 Bit angebracht. Standardmäßig ist dieses zB auf 0 gesetzt. Beim Bezahlen der Ware an der Kasse wird dieses Bit mit einem Lese/Schreibgerät auf 1 gesetzt. Beim Ausgang des Geschäftes sind „Schranken" in Form von RFID-Lesegeräten aufgestellt, die Alarm geben, sobald eine Ware mit einem auf 0

[30] gefälschte Arzneimittel sind inzwischen ein sehr großes Problem geworden.

gesetzten Bit in ihre Lesereichweite gerät. Man spricht in diesem Zusammenhang auch von sogenannten *Mid Range-Systemen*, da die Reichweite der Lesegeräte (Schranken) auf ca. 1 bis 1,5 Meter limitiert ist. [Scho05] Alternativ ist an der Kasse auch die vollständige Entfernung des RFID-Tags von der Ware möglich - die Lesegeräte am Ausgang geben dann immer Alarm, sobald einer der zur Diebstahlsicherung gedachten RFID-Tags in ihre Lesereichweite gerät.

4.5.3 Einsatz bei Tieren

Zur Identifikation von Nutztieren wird RFID schon seit längerer Zeit verwendet.

> „Der mit den Identifikationsdaten ausgestattete Transponder wird am Tier angebracht oder in das Tier injiziert. Die erforderlichen internationalen Normen für die Tierkennzeichnung wurden im Oktober 1996 verabschiedet. Von der International Organization for Standardization (ISO) ist eine Vereinbarung hinsichtlich des Formates des Codes (ISO-Norm 11784) und der technischen Übertragung (ISO-Norm 11785) getroffen worden. Die Nutzenpotenziale von RFID-basierten Tierkennzeichnungssystemen liegen in der schnellen, automatisierten und elektronischen Identifizierung von Tieren, in der betrugssicheren und eindeutigen Kennzeichnung von Tieren sowie in der betriebsübergreifenden lückenlosen Verfolgbarkeit der Tiere von der Geburt bis zur Schlachtung bzw. zum Verkauf des Fleisches. Hinzu kommt, dass die elektronische Kennzeichnung im Vergleich zu traditionellen Verfahren wie Tätowierung oder Brand weitaus tierfreundlicher ist“ [BSI04]

Bei der Tieridentifikation werden meist Tags in Glaskapseln verwendet, die mit einer Kanüle injiziert werden. Glas bietet einen guten Schutz vor Feuchtigkeit und kann auch entsprechend widerstandsfähig gegenüber mechanischen Einflüssen gebaut werden, um ein Tierleben lang halten zu können. Um eine gute Lesbarkeit durch die Haut hindurch zu erreichen, arbeiten injizierte Tags meist in niedrigeren Frequenzbereichen. [Kern07] Kritische Stimmen sind in [Mast07] wiedergegeben:

> „In a high percentage of cases the transponder moved in the fat layer, raising concerns that it might be later consumed by humans. Further, the meat quality was degraded as animals sensing the existence of an implanted foreign object produced antibodies to „attack" it."

Infolge erfolgreicher Tests im Rahmen des sgn. *Idea-Projekts* wird die Tierkennzeichnung mithilfe von RFID von EU-Seite derzeit in zunehmendem Maße forciert. [BSI04]

4.5.4 Zutrittskontrollsysteme

Eine verbreitete Anwendung von RFID findet sich im Bereich der Zutrittskontrollen. In Eingangsbereichen von Gebäuden werden Drehkreuze mit RFID-Lesegeräten angebracht. Die Tags sind meist in Form von Plastikkarten, Schlüsselanhängern oder Armbändern ausgeführt und werden den berechtigten Benutzern, die das Gebäude betreten dürfen, ausgehändigt. Die RFID-Zutrittskarten arbeiten meist auf der Frequenz 13,56 MHz und haben eine Reichweite von maximal einem Meter. In diesem Zusammenhang spricht man auch von sogenannten *Close Coupling-Systemen* [Scho05], da der Tag sehr nahe an das Lesegerät herangeführt werden muss. Im Gegensatz zu herkömmlichen kontaktbehafteten Verfahren, zB einer Karte mit Magnetstreifen, liegt bei RFID der Vorteil unter anderem darin, dass keinerlei Verschleißerscheinungen auftreten können (beispielsweise verschmutzende Kontakte). Ein anderes bedeutendes Einsatzfeld der *Close Coupling-Systeme* sind Wegfahrsperren in Kraftfahrzeugen, wobei hier der Tag in den Autoschlüssel integriert ist und das Lesegerät im Zündschloss verbaut ist. [Scho05] Durch die technischen Möglichkeiten von RFID sind auch vielfältige Erweiterungen denkbar, etwa können Zutrittskarten um eine „elektronische Geldbörse" erweitert werden, oder auch für Zeiterfassungen bei einer „elektronischen Stechuhr" verwendet werden. Für den Benutzer ergeben sich Bequemlichkeitsvorteile, außerdem kann eine verlorengegangene Karte schnell im System als gesperrt vermerkt werden. [BSI04]

Auch für Betreiber von Ferienressorts kann RFID als Zugangs- und Bezahlsystem interessant sein, weil sich damit Personalaufwand bei der Zutrittskontrolle reduzieren lässt, außerdem können umfangreiche Methoden der Datenauswertung durchgeführt werden: Welche Waren werden am meisten gekauft, welche Bereiche am häufigsten betreten? Aber auch eine Verknüpfung mit personenbezogenen Daten ist möglich: Wie hoch ist das Durchschnittsalter des Schwimmbadbesuchers; gehen mehr Männer oder Frauen zum Frühstücksbuffet? Werden Skilifte in Skigebieten mit RFID ausgestattet, ergibt sich für den Benutzer der Vorteil, nicht jedesmal die Karte parat haben zu müssen, da RFID berührungslos arbeitet - der Tag kann dabei zB in einer am Handgelenk getragenen Uhr ausgeführt sein; der Skiliftbetreiber erhält genaue Auswertungen über die Auslastung seiner Lifte. [nach BSI04]

Auch im Bereich der Zutrittskontrollsysteme ist der Einsatz von RFID-Tags unter der Haut möglich - anstatt einen Ausweis mit sich zu tragen, kann ein RFID-Tag unter der Haut implantiert werden. Der Hauptvorteil gegenüber beispielsweise Chipkarten liegt darin, dass ein unter der Haut eingesetzter RFID-Tag naturgemäß nicht verloren gehen kann, obgleich ein Verrutschen/Wandern des Tags unter der Haut nicht unmöglich ist. Denkbar ist auch die Kombination von RFID-Tags mit einem GPS-Sender oder Mobiltelefon, um eine weltweite Positionsbestimmung möglich zu machen. „This opens up a plethora of possibilities, including the ability to link data based on a unique identifier (i.e. the chip implant), to locate and track an individual over time, and to look at individual patterns of behaviour.“ [Mast07] Während also bei Zutrittskarten jedes Erfassen von Daten noch ein für den Nutzer direkt sichtbarer, meist sogar von ihm auszulösender Vorgang ist[31], ist bei implantierten Tags eine Kontrolle derselben und der entstehenden Informationen nicht mehr unbedingt möglich. „...[users] naturally lack the ability to know when their device is emitting data and when it is not.“ [Mast07]

In [Mast07] ist als Beispiel das Produkt *VeriChip* der US-amerikanischen Firma *Applied Digital Solutions* beschrieben, das um 200 US-$ plus einer monatlichen Gebühr von 10 US-$ verkauft wird. Diese Preise dürften aber nur geringe Rückschlüsse auf die

[31] zum Beispiel durch Auflegen oder Hinhalten einer Karte zu einem Lesegerät

tatsächlichen Kosten des Tags zulassen, sondern scheinen mehr aus dem Honorar für die Forschung und die ärztliche Arbeit des Implantierens zu bestehen. [Lock05] beschreibt, dass im Jahr 2005 etwa 7000 VeriChips verkauft wurden. Kunden sind unter Anderem zwei Bars, eine in Barcelona, eine in Glasgow, die ihren Stammkunden Vorteile gewähren, wenn sich diese einen RFID-Tag injizieren lassen.

4.6 Kosten, Nutzen und Marktgröße

Obgleich in den einzelnen Unterkapiteln zu den verschiedenen Einsatzzwecken bereits versucht wurde, Kosten und Nutzen zu behandeln, soll hier noch auf andere Arbeiten eingegangen werden: [Xiao07] unterscheidet bei Tags zwischen sogenannten *Chipless tags* und *Chip tags*, wobei sich letztere durch einen eigenen IC[32] zur Vergrößerung der Speicherkapazität und Sendereichweite sowie zur eigenständigen Datenverarbeitung auszeichnen. Weiters sind diese meist wiederbeschreibbar[33]. Der Nachteil sind höhere Herstellungskosten, ein höheres Gewicht und größere Abmessungen. Für *chipless tags* gibt [Xiao07] eine Speicherkapazität von 24 bits an, was für eine Artikelnummer ausreichend ist, wenn man bedenkt dass sich damit 2^{24} = rund 16,7 Millionen verschiedene Zahlen abbilden lassen. Für *Chip tags* sind 128 bits und mehr möglich.

> „The low cost of chipless tags makes them very appealing. Some chipless tags can cost as low as $0.01-0.02 per tag for a bulk order of 100 000 tags or more, while some can cost less than one-hundredth of a penny if the tags are ordered in quantities of billions. In contrast, chip tags are more than $0.30 per tag if the tags are ordered in quantities of less than one million." [Xiao07]

[Atta07] nennt ganz allgemein Preise von 0,05 bis 0,25 US-$ für passive Tags und 4 bis 20 US-$ für aktive Tags. Auch [Robs06] spricht von Preisen ab 0,05 US-$ für passive Tags und 10 US-$ für aktive. „Readers come in a wide range of sizes, offer different features and start at $500." [Atta07]. Auch [Xiao07] nennt als Preis für Reader „typically $1000 or more". Generell ist bei den Tags also eine starke Abhängigkeit des Preises vom

[32] Integrated Circuit - Integrierter Schaltkreis

[33] *Read-Write Tags*

Abnahmevolumen zu sehen. Größenordnungen von mehreren Millionen Stück müssen aber keine Gedankenspiele bleiben, wenn man sich überlegt, wieviele Waren jährlich von großen Einzelhändlern wie zB Wal-Mart verkauft werden.

Unternehmen, die überlegen, ein RFID-System einzuführen, müssen sich in der Planungsphase ein Urteil über die erwarteten Kosten, aber auch über den erhofften Nutzen bilden. Die Nutzenbewertung eines RFID-Systems gestaltet sich aber grundsätzlich sehr schwierig: Zum Einen sind Kostensenkungen zu erwarten (beispielsweise durch verringerten Personalaufwand bei der Warenerfassung, Prozessoptimierungen usw), weiters kann es zusätzliche Vorteile geben, zB in Form von höherer Kundenzufriedenheit, mehr Verkäufen, geringerem Schwund usw. Erschwerend kommt hinzu, dass die Anzahl an RFID-Pilotprojekten, die von Unternehmen bei der Investitionsentscheidung als Vergleichsmaßstab herangezogen werden können, derzeit noch gering ist. [Wu06]

> „Die Bewertung des Mehrwertes eines RFID-Systems ist erschwert, da Nutzeneffekte nicht nur lokal in Form einer messbaren Steigerung der Prozesseffizienz auftreten, sondern auch indirekter Art sein können, wie etwa die Erhöhung von Kunden- und Mitarbeiterzufriedenheit oder eine Reorganisation, z.B. neue Kooperationsformen, ermöglichen. Deshalb ist eine exakte Kosten-Nutzen-Bestimmung von RFID-Systemen vor der Einführung selten möglich. Es handelt sich um ein sog. bewertungsdefektes Problem, bei dem zwar die Kosten exakt quantifizierbar sind, der Nutzen, insb. der indirekte, aber ex ante nicht sicher bestimmbar ist.“ [Stra05]

Zu bedenken sind auch Vorteile durch sgn. *Reorganisationseffekte*. Durch die Umgestaltung von Prozessen im Zuge der Einführung von RFID können weitere Effizienz- und Qualitätssteigerungen ermöglicht werden, beispielsweise der Abbau von Kontrollen, die Integration von Lieferketten oder bessere Individualisierungsmöglichkeiten von Produkten. [Stra05]

Zum Abschluss dieses Kapitels noch ein Zitat zum gesamten Volumen des RFID-Marktes weltweit:

> „According to Venture Development Corp., global shipments of RFID systems, including hardware, software, and services, reached nearly $965 million in 2002 and are expected to reach nearly $2.7 billion by 2007 (Bindra, 2004). Similarly, according to a study by Allied Business Intelligence Inc., the RFID market will jump from $1.4 billion annually last year [2006] to as much as $3.8 billion in 2008. By the same token, an International Data Corp.'s study indicates that spending on RFID technology used to track goods in retail supply chains will grow to nearly $1.3 billion in 2008." [Atta07]

5 Bedenken

5.1 Sicherheitsbedenken

[Knos04] nennt folgende Ziele bei der Kommunikation über RFID:

- *Confidentiality*: Zu deutsch könnte man diesen Begriff in etwa mit *Vertraulichkeit* übersetzen. Der Inhalt der Kommunikation, also die zwischen Tag und Lesegerät übertragenen Daten, soll für Außenstehende nicht zugänglich sein, sondern nur für denjenigen, der das Lesegerät rechtmäßig benützt. Bezogen auf den oben erwähnten implantierbaren *VeriChip* schreibt etwa [Lock05]: „ADS[34] claims that the information stored on their system is secure and password-protected, and that their chips can be read only by proprietary readers. Time, however, has a tendency to prove technological statements such as these to be incorrect.“
- *Integrity*: Es soll vom Lesegerät überprüft werden können, dass die Daten nicht auf dem Übertragungswege manipuliert wurden, sei es vorsätzlich durch einen Dritten oder durch technische Probleme. Um dieses Ziel zu erreichen, eignet sich der Einsatz von Prüfverfahren[35].
- *Availability*: Die Kommunikation zwischen Tag und Lesegerät muss zuverlässig funktionieren, und darf nicht durch sgn. *Denial-of-Service-Angriffe*, die darauf zielen, ein System durch eine Flut von Anfragen lahmzulegen, außer Gefecht gesetzt werden können.
- *Authenticity*: Die Identität von Tag und Lesegerät darf nicht fälschbar sein.
- *Anonymity*: „The unique identifier [of a tag] can be used to trace a person or an object carrying a tag in time and space. This may not even be noticed by the traced person. The collected information can be merged and linked in order to generate a person's profile.“ [Knos04] Auf diese Problematik wird in den nachfolgenden Abschnitten noch näher eingegangen.

[34] *Applied Digital Solutions* - die Herstellerfirma des *VeriChip*
[35] zB des CRC - *Cyclic Redundancy Check*

Folgendes Zitat beschreibt sehr gut den Zielkonflikt, der sich zwischen Sicherheit und Wirtschaftlichkeit ergibt:

> „Effective security mechanisms can provide protection against the described threats. But it should be taken into account that the primary purpose of the RFID technology is the realisation of cheap and automated identification.“ [Knos04]

Die nachfolgenden Angriffsarten auf ein RFID-System können unterschieden werden [BSI04]:

- *Datenmanipulation*: Durch unautorisierte Schreibzugriffe auf den Tag können die Daten verändert werden. Durch Manipulation des Preises eines Artikels in einem Supermarkt zum Beispiel könnte großer Schaden entstehen, sofern der Preis auf dem Tag selbst gespeichert ist (und nicht nur über die ID aus einer Datenbank gelesen wird).
- *Identitätsfälschung*: Jemand bringt sich in den Besitz der Informationen, die auf einem Tag gespeichert sind, insbesondere dessen ID, und benutzt diese um gegenüber einem Lesegerät die Identität des Tags vorzutäuschen.
- *Deaktivierung / Zerstörung*: Der Tag wird entweder durch elektromechanische Feldeinwirkung oder durch physikalische oder chemische Zerstörung unbrauchbar gemacht. Dies kann dazu führen, dass der Tag von Lesegeräten nicht mehr erkannt wird oder zumindest nicht mehr (vollständig) ausgelesen werden kann. Abhilfe kann hier geschaffen werden, indem der Tag so mit dem Trägerobjekt verbunden wird, dass eine Zerstörung des Tags nicht ohne Beschädigung des Trägerobjekts möglich ist, oder indem der Tag schwer auffindbar versteckt wird. Ebenfalls möglich ist der Missbrauch von Lösch- oder Kill-Befehlen, die den Inhalt des Tags zurücksetzen - hierfür ist allerdings erforderlich, dass der Angreifer ein berechtigtes Lese/Schreibgerät vortäuscht, also zB ein erforderliches Passwort senden kann. Nicht zuletzt ist auch ein Angriff denkbar, bei dem die Batterie aktiver Tags durch eine Serie von Anfragen entladen wird. Bei passiven Tags ist dies nicht möglich, weil sie ihre Energie

ausschließlich aus dem Versorgungsfeld eines Lesergerätes beziehen. Bei aktiven Tags kann aber ein sogenannter „Schlaf-Modus" im Tag programmiert sein, das heißt es ist nur eine gewisse Anzahl an Befehlen von Zeiteinheit möglich - nach jedem erfolgten Befehl wird eine Zwangspause eingelegt. [BSI04]

- *Ablösen*: Eine Methode, die auch bei „konventionellen" Preisschildern aus Papier funktioniert: Ein Tag wird von seinem Trägerobjekt abgelöst und an einem anderen Objekt angebracht („umetikettieren"). „Da RFID-Systeme vollständig davon abhängig sind, dass die Transponder ihre Trägerobjekte eindeutig identifizieren, ist hier ein fundamentales, wenn auch auf den ersten Blick trivial erscheinendes Sicherheitsproblem gegeben." [BSI04] Diese Methode kann dann nicht funktionieren, wenn die Tags mehr oder weniger unsichtbar plaziert sind oder aber fest mit dem Trägerobjekt verbunden sind, also zB in Textilien eingewebt oder in Kunststoffteile eingegossen sind.

- *Abhören*: Die Funkkommunikation zwischen Lesegerät und Tag wird abgefangen und decodiert, ähnlich wie auch Telefongespräche oder Datenübertragungen über das Internet „abgehört" werden können. Da die RFID-Kommunikation zwischen Lesegerät und Tag über das Medium Luft stattfindet, ist es nicht nötig, Kabel odgl „anzuzapfen", was das Abhören zusätzlich erleichtert. Die Möglichkeit des Abhörens ist natürlich stark abhängig von der Reichweite der verwendeten Tags. Im weit verbreiteten Frequenzbereich von 13,56 MHz beispielsweise besteht die maximale Reichweite beim Abhören des „Uplinks"[36] etwa „das Fünffache des maximal vorgesehenen Leseabstandes" [BSI04], also mindestens etwa 2 Meter. Im Mikrowellenbereich fehlt verifizierte Literatur, [BSI04] nennt allerdings Versuche bei denen der Uplink nur wenige Meter abgehört werden konnte. „Die Kosten für den Angreifer sind hoch, da in jedem Fall eine professionelle Ausrüstung und Know-how zur Dekodierung der Daten benötigt werden." [BSI04]

- *Stören*: Die Funkkommunikation wird blockiert, entweder durch passive Maßnah-

[36] hiermit ist die Datenübertragung vom Tag zum Lesegerät gemeint

men (Abschirmung des Tags oder des Lesegeräts, Einwickeln von Tags in Alufolie) oder aktive Maßnahmen (Störsender aus dem Amateurfunkbereich). Weiters sind hier *Denial-of-Service-Attacken* möglich, d.h. das Lesegerät wird durch einen sgn. *Blocker-Tag* mit Funksignalen einer scheinbar riesigen Anzahl an Tags überflutet und damit zum Absturz gezwungen.

- *Autorisierung fälschen*: „In einem sicheren RFID-System muss das Lesegerät seine Berechtigung gegenüber dem Tag nachweisen. Will ein Angreifer die Daten mit einem eigenen Lesegerät auslesen, so muss dieses die Identität eines autorisierten Lesegeräts vortäuschen.“ [BSI04] Auch hier ist es nötig, dass sich der Angreifer in unmittelbare Nähe des Tags begibt, das er auslesen möchte. „Die Möglichkeiten zum verdeckten Auslesen passiver Transponder sind somit räumlich eng begrenzt.“ [BSI04]

Des weiteren darf die Möglichkeit eines *Angriffs auf das Backend*, also das Computersystem, mit dem die RFID-Lesegeräte verbunden sind, nicht außer Acht gelassen werden. Wie in den einführenden Kapiteln erläutert, kommt üblicherweise in einem RFID-System zumindest ein Computer mit einer Datenbank zum Einsatz, in der weitere Informationen zu den Tags, bzw deren IDs, hinterlegt sind. Die Risiken, denen dieses Computersystem ausgesetzt ist, sind nicht RFID-spezifisch, daher kann an dieser Stelle nur kurz darauf eingegangen werden. Stichwortartig seien folgende Risiken erwähnt: So kann es möglich sein, die Kommunikation zwischen RFID-Lesegeräten und Computer (kabelgebunden oder kabellos) abzuhören, sich unberechtigt Zugriff auf die Datenbank zu verschaffen oder Schadsoftware einzubringen (Viren etc). Eine Motivation für potenzielle Angreifer ist inbesondere in der Tatsache zu sehen, dass in einem RFID-System große Datenbestände über physische Objekte in der realen Welt abgebildet sind (beispielsweise der Inhalt oder die Position von Warenbehältern). In einem typischen Angriffsszenario könnte also jemand zunächst, auf einem der oben beschriebenen Wege, eine in einem Tag gespeicherte ID auslesen und anschließend die Datenbank angreifen, um an die dort abgelegten weiteren Informationen zu dieser ID zu gelangen. Die Vorbeugungsmaßnahmen gegen Angriffe auf das RFID-Backend sind nicht RFID-spezifisch - allgemein kann auf Firewalls, Zutrittskontrollen für Serverräume, Virenscanprogramme und eine Verschlüsselung der Datenübertragung und -speicherung hingewiesen werden. [nach BSI04]

5.2 Datenschutz / Privatsphäre

Da RFID-Tags auch sensible oder geheime Daten enthalten können, muss das Thema Datenschutz untersucht werden. Es gilt sicherzustellen, dass Daten, die der Privatsphäre von Personen unterliegen, nicht in unberechtigte Hände geraten. Zunächst ist es jedoch notwendig, den Begriff der Privatsphäre zu definieren:

> „Privacy is defined as „...the ability of the individual to control the terms under which personal information is acquired and used ...“ (Westin, 1967, p. 7). Information privacy, in turn, is „... the claim of individuals, groups, or institutions to determine for themselves when, how, and to what extent information about them is communicated to others ...“ (Westin, 1967, p. 7).“ [Ange07]

Stellt man sich nun die Frage nach Bedrohungsszenarien, so sind zwei verschiedene Fragen auseinanderzuhalten [BSI04]:

1. *Bedrohung der Privatsphäre durch Systemberechtigte*: Hiermit ist der Betreiber des RFID-Systems gemeint, der damit auch die Daten und ihre Verwendung unter seiner Kontrolle hat. Er ist es auch, der die Tags ausgibt und die auf ihnen gespeicherten Daten verwaltet. Für einen Missbrauch der Daten ist in diesem Fall also kein „Angriff“ auf das System erforderlich, denn der Betreiber hat ja bereits die Kontrolle über sein System. Eine Bedrohung ist hier inbesondere in der Weitergabe sensibler Daten an Dritte ohne das Wissen der betreffenden Personen zu sehen.

2. *Bedrohung der Privatsphäre durch Dritte*: In diesem Fall führt ein Dritter einen Angriff auf das RFID-System aus, um in den Besitz der gespeicherten Daten zu gelangen. Die Konsequenzen sind sehr ähnlich wie im ersten Fall.

Oft wird in diesem Zusammenhang von der Vision des „gläsernen“ Kunden im Einzelhandel gesprochen: Sind alle Waren mit RFID-Tags versehen und bezahlt man bargeldlos zB mit einer Kundenkarte, ist eine Verknüpfung der gekauften Waren mit den persönlichen Daten möglich - damit können Profile über Interesse und Kaufverhalten eines Kunden erstellt werden. Allerdings muss man dieser Argumentation entgegenhalten, dass ein solcher „gläserner“ Kunde längst auch ohne RFID möglich ist: Die Waren werden heute zwar noch per Barcode erfasst und nicht per RFID, dennoch ist in Kombination mit der Bezahlung per Kundenkarte genauso die Erstellung von Kundenprofilen möglich. RFID an Waren ist damit lediglich eine modernere Form des Barcodes. Weiter geht dieser Gedanke, wenn man sich das Einkaufen in Online-Shops wie zB Amazon ansieht: Auch dort entsteht im Laufe der Zeit, basierend auf den gekauften, angeklickten, in den Warenkorb gelegten Artikeln ein Profil über individuelle Interessen jedes Kunden. Nicht zuletzt kann auch der Vergleich mit dem „klassischen Greißler am Land“ gezogen werden, der ganz ohne moderne Technik seine Stammkunden und deren bevorzugte Produkte im Laufe der Zeit kennenlernt.

5.3 Sicherheitsmaßnahmen

Bei Systemen, bei denen auf den Tags nur eine ID-Nummer gespeichert wird und alle weiteren Informationen aus einer Datenbank geholt werden, ist insbesondere darauf zu achten, welche Informationen in der Datenbank gespeichert werden, wer darauf Zugriff hat und wie die Datenbank gegen unberechtigte Zugriffe abgesichert wird. Bei Systemen hingegen, bei denen auf den Tags selbst weitere Informationen gespeichert sind, besteht ein größeres Risiko bezüglich unberechtigtem Zugriff auf die Daten. Hier sind zusätzliche Maßnahmen in Form von Verschlüsselung der Daten und Beschränkung des Auslesens zu treffen (siehe unten). [Glas05]

Um also den oben aufgezählten Bedrohungen zu begegnen, sind folgende Sicherheitsmaßnahmen in einem RFID-System erforderlich [BSI04]:

5.3.1 Authentifizierung

Authentifizierung bedeutet Überprüfung der Identität, hier insbesondere des Tags durch das Lesegerät und umgekehrt. Weiters muss sich das Lesegerät beim Backend-System identifizieren, d.h. eine Berechtigung besitzen, dort Daten abfragen oder schreiben zu dürfen. Beim Erfassen der Tags muss überprüft werden, ob der Tag überhaupt zur Teilnahme an dem System berechtigt ist - weiters können doppelte oder nicht vergebene IDs erkannt werden.

Die *Überprüfung des Tags* kann im Rahmen eines sogenannten *Challenge and Response*-Verfahrens erfolgen: Dabei schickt das Lesegerät eine Zufallszahl (*Challenge*), die vom Tag anschließend mit einem bestimmten Schlüssel verschlüsselt, zurückgesendet werden muss (*Response*). „Der dabei verwendete Schlüssel ist ein gemeinsam bekanntes Geheimnis, mit dem der Tag seine Identität beweist. Entscheidend an diesem Verfahren ist, dass der Schlüssel selbst nie übertragen wird und für jede Challenge eine andere Zufallszahl verwendet wird, so dass durch Aufzeichnen und Wiedervorspielen der Kommunikation (Replay-Attacke) das Lesegerät nicht getäuscht werden kann. Ein Angreifer müsste sich in Besitz des Schlüssels bringen, der sowohl auf dem Tag als auch im Backend des RFID-Systems gespeichert ist. Dazu wäre es nötig, die verschlüsselt übertragenen Response-Daten zu entschlüsseln, was je nach Schlüssellänge sehr aufwendig bis praktisch unmöglich ist.“ [BSI04]

„Die einfachste Möglichkeit der *Authentifizierung des Lesegeräts* gegenüber dem Tag ist der Passwortschutz. Das Lesegerät identifiziert sich beim Tag durch Übertragung des Passworts. Der Transponder vergleicht es mit dem im Speicher abgelegten Passwort. Stimmen beide überein, gewährt der Tag vollen Zugriff auf die gespeicherten Daten. Einige Produkte gewähren Passwortschutz für ausgewählte Speicherbereiche.“ [BSI04] Damit das System als einigermaßen sicher bezeichnet werden kann, ist es erforderlich, ein möglichst langes Passwort zu wählen (damit es nicht durch Ausprobieren erraten werden kann) und die Übertragung des Passworts verschlüsselt zu gestalten (um ein

Abhören durch Dritte zu verhindern). Auch möglich ist der Einsatz einer Liste von sgn. „Einmal-Passwörtern", falls der Zugriff auf den Tag nur für eine begrenzte Zahl an Zugriffen möglich sein soll. Weiters lässt sich das oben beschriebene *Challenge-and-Response-Verfahren* auch in der umgekehrten Richtung einsetzen: Hierzu ist es aber erforderlich, dass der Tag Zufallszahlen generieren kann, was zwar technisch realisierbar ist, aber höhere Kosten für den Tag nach sich zieht. „Nach Expertenschätzungen ist zu erwarten, dass Tags mit Challenge-Response-Verfahren in der Massenproduktion um einen Faktor drei bis fünf teurer bleiben als die einfachsten Tags. Laut Infineon[37] soll dies dagegen zu einem Aufpreis von 20 Prozent möglich sein." [BSI04]

Abschließend kann man noch erwähnen, dass die Schutzmöglichkeit vor unberechtigtem Auslesen eine weitere Eigenschaft von RFID ist, die sich beim Barcode nicht realisieren lässt - einen Barcode kann man gar nicht gegen das (unberechtigte) Auslesen schützen, lediglich komplett zerstören[38]. [Xiao07]

5.3.2 Verschlüsselung

Die Datenübertragung zwischen Tag und Lesegerät sowie die Speicherung der Daten am Tag selbst sollte verschlüsselt erfolgen, um ein Abhören zu verhindern, bzw genauer gesagt zu verhindern, dass jemand die abgehörten Daten nutzen kann. Werden Tags unternehmensübergreifend eingesetzt, so sind allgemein akzeptierte Standards erforderlich, um zu gewährleisten, dass alle beteiligten Parteien mit der verwendeten Verschlüsselung umgehen können. Bisweilen sind verschiedene Ansätze diskutiert worden, *der* Standard zur RFID-Verschlüsselung konnte jedoch noch nicht gefunden werden. [Robs06]

„Die wirkungsvollste Maßnahme gegen einen Lauschangriff auf die Luftschnittstelle besteht jedoch darin, keine Inhalte auf dem Tag selbst zu speichern und lediglich die ID des Tags auszulesen. Die damit assoziierten Daten werden aus einer Backend-Datenbank ab-

[37] ein auch im Bereich RFID tätiger großer Halbleiterkonzern mit Sitz bei München, Anm. d. Verf.
[38] dies allerdings wiederum einfacher als einen RFID-Tag

gerufen.“ [BSI04] Der zusätzliche Vorteil dieses Vorgehens liegt wie bereits erwähnt darin, dass auf dem Tag nur wenig Speicherplatz benötigt wird und daher kostengünstigere Tags verwendet werden können.

5.3.3 Dauerhafte Deaktivierung

Am Ende der Nutzung eines Tags sollte sichergestellt werden, dass eine spätere, möglicherweise missbräuchliche Verwendung nicht mehr möglich ist. Eine Methode hierfür ist ein sgn. „Kill-Befehl“, der je nach Spezifikation zumindest die variablen Inhalte oder sogar alle Inhalte, d.h. auch die eindeutige ID des Tags, löscht. Deaktivierte Tags sollten also nach dem Kill-Befehl nicht mehr auf Aufforderungen eines Lesegeräts reagieren. Da es sich aber um ein softwaretechnisches Verfahren handelt und es für außenstehende außerdem kaum überprüfbar ist, ist die Deaktivierung per „Kill-Befehl“ als fragwürdig anzusehen. [BSI04] Auch wenn ein Einzelhändler verspricht oder dem Kunden anbietet, an der Kasse alle Tags an den Waren zu „killen“, ist dies für den Kunden nicht überprüfbar. Das physische Entfernen der Tags von den Waren wäre zwar eine Alternative, allerdings mit technischen Schwierigkeiten und höherem Personalaufwand verbunden. Weiters müssen die Nachteile abgewogen werden, d.h. eine spätere sinnvolle Verwendung der RFID-Tags, zB bei Reklamationen, Garantieansprüchen udgl ist dann nicht mehr möglich. „Trade-offs will have to be made between convenience and privacy when it comes to opt-out options[39].“ [Glas07].

Die Gefahren, die entstehen, wenn Tags im Handel an der Kasse nicht deaktiviert oder entfernt werden, sind im folgenden zusammengefasst:

> „At present, the tags remain in a working condition after the items to which they are attached are purchased. The tags could subsequently be read when they encounter an RFID transceiver. Thus, if you were to walk into a store with an RFID tagged item, an active transceiver could activate a signal from the tag and through a series of steps identify you, your location, and any other

[39] Mit *opt-out* ist hier eben das Deaktivieren oder Entfernen des Tags gemeint.

information about you such as criminal history, shopping records, or credit history. Discrimination or unfair treatment as a result of this information is possible.“ [Pesl05]

Horrorszenarien, wie zB dass jemand mit einem RFID-Lesegerät durch die Straßen fährt und feststellen kann, welche Waren jemand in seinem Haushalt hat (sofern diese mit RFID-Tags versehen sind) sind eher als übertrieben anzusehen, da die Reichweite der im Handel verwendeten Tags aufgrund des niedrigen Frequenzbereichs nur im Zentimeterbereich liegt.

5.4 ethische Bedenken

> „The privacy aspect has gained special attention for RFID systems. Consumers may carry objects with silently communicating transponders without even realising the existence of the tags.“ [Knos04]

Im Bereich der ethischen Bedenken gibt es verschiedene Probleme [Glas07]:

1. Tags sind klein und können daher leicht so an Waren angebracht werden, dass sie von den Kunden beispielsweise im Einzelhandel nicht bemerkt werden. Weiters ist das Auslesen auf größere Entfernung ohne Kenntnis des Käufers des Gegenstandes möglich. Dies ist der wesentliche Unterschied zu den meisten bisher bekannten Situationen, in denen Daten über Nutzer gesammelt werden.

2. Durch die inzwischen hohe Speicherkapazität der Tags ist es möglich, viele persönliche oder sensible Daten auf einem Tag abzuspeichern. Weiters hat der Nutzer idR keine Möglichkeit, diese Daten einzusehen.

3. Tags sind so zuverlässig und beständig gegenüber äußeren Einflüssen geworden, dass es nicht unbedingt einfach ist, sie zu deaktivieren. Nutzer sehen sich daher dem Risiko ausgesetzt, nicht über die Nutzbarkeit der RFID-Tags bestimmen zu können. Hinzu kommt, dass passive Tags eine nahezu unbegrenzte Lebensdauer aufweisen.

Beide Seiten, sowohl der Betreiber des RFID-Systems, als auch die Kunden, haben ein gemeinsames Interesse an einem hohen Sicherheitsniveau des Systems. Die Kunden möchten beispielsweise den Schutz ihrer Daten gesichert haben, während der Betreiber ein Interesse daran hat, dass die RFID-Technik von den Kunden angenommen wird und zuverlässig wird. „Für jeden Supermarktbetreiber wäre es der Super-GAU, würden die Kunden dem Geschäft fernbleiben, weil sie der RFID-Lösung misstrauen.“ [Scho05]

Ziel muss es daher sein, einen Kompromiss zu finden zwischen den technischen Möglichkeiten bzw dem maximalen Nutzen von RFID auf der einen Seite und den oben angeführten Fragen, also insbesondere einem Selbstbestimmungsrecht des Nutzers. Dies bedeutet, dass Nutzer über die Verwendung und eventuelle Weitergabe der Daten informiert werden sollten, beispielsweise durch eine Kennzeichnung wenn im Einzelhandel auf einer Ware ein RFID-Tag angebracht ist. Um die Gefahr des Missbrauchs der Daten zu verringern, ist es außerdem notwendig, zum einen die gespeicherten Daten auf das nötigste zu beschränken, und andererseits den Zugang sowohl zum Auslesen der Tags auch als auch zu einer eventuell weitere Informationen enthaltenden Datenbank durch Verschlüsselung und andere Maßnahmen möglichst zu limitieren. Dies sind Aufgaben des RFID-Systembetreibers.

5.5 gesundheitliche Risiken?

Ein Wort, das im Zusammenhang mit Funktechnik immer wieder genannt wird, ist der Elektrosmog. Daher soll auch in dieser Arbeit das Thema der gesundheitlichen Risiken angesprochen werden:

Zu passiven Tags ist zu sagen, dass sie keinerlei Strahlung abgeben, solange sie nicht von einem Lesegerät aktiviert werden. Im sendenden Zustand, d.h. nach Aktivierung durch das Lesegerät, liegen die Strahlungswerte auch deutlich unter jenen, die beispielsweise bei Bluetooth, WLAN oder Mobiltelefonen erreicht werden. [Scho05] Wie aber im Bereich der Mobiltelefone auch, muss angemerkt werden, dass es immer wieder Studien gibt, die gesundheitliche Folgen des Elektrosmogs allgemein untersuchen und zu sehr unterschiedlichen Ergebnissen kommen. Die Tatsache, dass keine Folgen bewiesen sind, bedeutet nicht automatisch, dass es keine gibt. Bei RFID ist als besonderes Charakteristikum noch hinzuzufügen, dass - sofern die Prognosen eintreffen - die Verbreitung von RFID-Tags in Zukunft deutlich zunehmen wird; dies bedeutet, auch wenn die gesundheitliche Belastung die von einem einzelnen RFID-Tag ausgeht, vernachlässigbar ist, können beim Kontakt mit tausenden oder Millionen von Tags Folgen nicht ausgeschlossen sein. Im Mikrowellenbereich ist auch noch ein theoretischer thermischer Einfluss auf die menschlichen Körperzellen zu nennen. [Scho05]

Eine spezielle Frage in diesem Zusammenhang stellen die oben erwähnten implantierbaren RFID-Tags dar. In [Wash07] wird auf eine Untersuchung aus dem Jahre 1996 hingewiesen, in der implantierte RFID-Tags bei Mäusen und Ratten Tumore hervorriefen. Auch wenn die Literatur zu diesem Thema sehr dünn ist und sich Ergebnisse bei Laborversuchen nicht unbedingt auf Haustiere und Menschen übertragen lassen, sei zumindest die Problematik der unklaren gesundheitlichen Folgen implantierter RFID-Tags und die sich daraus ergebende Diskussion zwischen Tag-Herstellern, Gesundheitsbehörden und Kritikern, die in [Wash07] näher ausgeführt ist, erwähnt.

6 Fazit und Ausblick

Als große Vorteile der RFID-Technik können die Automatisierungsmöglichkeiten, die sich in vielen Bereichen der Wirtschaft ergeben, genannt werden sowie die Tatsache, dass RFID-Tags nahezu beliebig integrierbar sind (in Produkte, Verpackungen, usw). Wesentliche limitierende Faktoren aus technischer Sicht sind die Übertragungsgeschwindigkeit und die Speicherkapazität, wobei hier inzwischen mit aktiven Tags auch sehr leistungsfähige Systeme erstellt werden können. Auch mit einer weiter zunehmenden Miniaturisierung sowohl der Tags als auch der Lesegeräte ist zu rechnen. [BSI04]

„RFID-Systeme verfügen über den Vorteil, dass kein Sichtkontakt zwischen Transponder und Lesegerät erforderlich ist und dass Erfassungen im Pulk sowie die Lesbarkeit durch verschiedene Materialien hindurch möglich sind. Darüber hinaus sind einige Transpondertypen mehrfach neu beschreibbar. Hierdurch ergibt sich ein größerer Einsatzbereich im Vergleich zur Barcode-Technik.“ [BSI04]

Eine nähere Betrachtung verdient die ökonomische Perspektive: Verschärfter Kosten- und Wettbewerbsdruck unterstützt den Drang zur Automatisierung, speziell im Einzelhandel ergeben sich hier große Potentiale. Praktische Probleme bestehen aber zB noch im Einsatz von Tags auf metallischen Objekten und weiters in der Integration eines RFID-Systems in bestehende Supply-Chain-Management, Customer-Relationship-Management oder Enterprise-Resource-Planning-Systeme. [Atta07] Weiters können speziell beim *Item-Level-Tagging* im Einzelhandel schnell riesige Datenmengen entstehen, sodass sich für die beteiligten Unternehmen die Herausforderung ergibt, wie mit diesen Daten sinnvoll/nutzbringend umzugehen ist, ohne dass nutzlose „Datenfriedhöfe“ entstehen.

Ein deutliches Hindernis für die weitere Ausbreitung von RFID stellt weiters die fehlende weltweite Standardisierung dar. Dies bezieht sich zum einen auf die Kompatibilität der Software und Hardware verschiedener Hersteller zueinander, als auch auf die Frequenzregulierung speziell im UHF-Bereich. „Derzeit müssen beispielsweise die Waren multinationaler Konzerne mit Transpondern unterschiedlicher Frequenzbereiche ausgestattet werden.“ [BSI04] Weiters schreitet die Technologie weiter fort - zu nennen sind zum Beispiel Verschlüsselungsverfahren für die Kommunikation, Antikollisionsalgorithmen, längere Reichweiten der Lesegeräte usw, sodass es interessierten Unternehmen erschwert wird, sich für die „beste“ Lösung zu entscheiden. Schließlich fehlt oftmals auch die Erfahrung bei der Einführung von Auto-ID-Systemen. [Stra05]

Nicht zuletzt muss auf die Kosten für RFID-Tags als zentrale Frage für die Verbreitung hingewiesen werden. Je niedriger die Preise für Tags werden, desto mehr wird ihre Verbreitung zunehmen. „Auch wenn Marktforscher davon ausgehen, dass sich der Preis pro passivem Transponder in der näheren Zukunft auf deutlich unter zehn Eurocents reduziert, hemmen derzeit die hohen Kosten pro Tag den RFID-Einsatz für Massenprodukte.“ [BSI04] Dennoch ist davon auszugehen, dass die Preise aufgrund von Skaleneffekten in der Produktion durch ein hohes Produktionsvolumen, weiterer Miniaturisierung der Tags zur Verringerung des Siliziumbedarfs und anderer Weiterentwicklungen zukünftig weiter sinken werden. [Stra05]

„Costs remain the largest impediment for the widespread adoption of RFID. A key to reducing costs is to increase the volume of demand; this can be facilitated if a unified global RFID standard exists.“ [Wu06] Als eine Lösungsmöglichkeit der Standardproblematik sind zB UHF-Tags in Entwicklung, die sowohl auf der europäischen Frequenz von 869 MHz als auch auf der in den USA verwendeten Frequenz von 915 MHz senden können, selbiges gilt für Lesegeräte. Allerdings sind diese Entwicklungen zurzeit noch nicht abgeschlossen. [Wu06]

Bei der Einführung eines RFID-Systems kommen zu den Kosten für die Tags noch die Anschaffungskosten für Lesegeräte, die dahinterliegende IT-Infrastruktur sowie der menschliche Arbeitsaufwand für die Konzeption, Installation und Wartung des Systems sowie die Einschulung der Benutzer hinzu. Desweiteren sind unter Umständen Änderungen in den Geschäftsprozessen des Unternehmens vorzunehmen, was wiederum einen großen Aufwand (aber auch Nutzen) bedeuten kann. Gerade kleine und mittlere Unternehmen haben daher wenig Anreize, RFID-Systeme einzusetzen, gerade wenn sie über ein anderes funktionierendes Auto-ID-System[40] verfügen. [BSI04]

Zurzeit ist das Bedrohungspotential bei RFID eher gering, jedoch wird eine Zunahme der Angriffe und der Gefährdung parallel zur zunehmenden Verbreitung der Technik RFID erwartet. Besonders in sensiblen Bereichen, wie zB Krankenhäusern, ist auf Sicherheitsmaßnahmen erhöhter Wert zu legen. Wie bereits oben erwähnt, sind allerdings immer die Kosten als Faktor zu sehen, kurz gesagt: Sicherheitsmaßnahmen kosten Geld; Tags, die umfangreiche Verschlüsselungsalgorithmen beherrschen, sind teurer als unverschlüsselte, um nur ein Beispiel zu nennen. „Neben der Technik ist aber im Wesentlichen unser aller Gleichgültigkeit im Umgang mit Daten (...) das wesentliche Problem. Die Sicherheit eines Systems steht und fällt mit demjenigen, der es bedienen muss.“ [Scho05] So trägt fast jeder ein Handy bei sich und nur wenigen ist bewusst, dass sie damit, zumindest technisch gesehen, jederzeit ortbar sind. [Luck04]

Abschließend noch ein Zitat, das versucht den Sinn von RFID zusammenzufassen:

> „An important promise of RFID technology is to cut costs and deliver a wealth of information that helps firms more effectively understand, predict, and respond to customer demand.“ [Atta07]

[40] zum Beispiel mit Barcode

7 Literatur

Folgende Literatur wurde verwendet:

- [Ange07] ANGELES, Rebecca: An empirical study of the anticipated consumer response to RFID product item tagging. In: Industrial Management & Data Systems 107 (2007) 461-483
- [Atta07] ATTARAN, Mohsen: RFID: an enabler of supply chain operations. In: Supply Chain Management: An International Journal 12 (2007) 249-257
- [BSI04] BSI: Risiken und Chancen des Einsatzes von RFID-Systemen - Trends und Entwicklungen in Technologien, Anwendungen und Sicherheit. Bundesamt für Sicherheit in der Informationstechnik, Bonn 2004
- [Este07] ESTERS, Susanne: Technische Ausprägungen und Einsatzmöglichkeiten der Identifikationstechniken Barcode und RFID - eine techno-ökonomische Analyse. Diplomarbeit, Wirtschaftsuniversität Wien, 2007
- [Fink06] FINKENZELLER, Klaus: RFID-Handbuch: Grundlagen und praktische Anwendungen induktiver Funkanlagen, Transponder und kontaktloser Chipkarten. Hanser, München Wien 2006
- [Glas07] GLASSER, Dara J. et al.: Chips, tags and scanners: Ethical challenges for radio frequency identification. In: Ethics and Information Technology 9 (2007) 101-109
- [Hing07] HINGLEY, Martin et al.: Radio frequency identification tagging - Supplier attitudes to implementation in the grocery retail sector. In: International Journal of Retail & Distribution Management 35 (2007) 803-820
- [Jone04] JONES, Peter et al.: Radio Frequency Identification in Retailing and Privacy and Public Policy Issues. In: Management Research News 27 (2004) 46-65

- [Kern04] KERN, Christian: Radio frequency identification for security and media circulation in libraries. In: The Electronic Library 22 (2004) 317-324
- [Kern07] KERN, Christian J.: Anwendung von RFID-Systemen. Springer, Berlin [u.a.] 2007
- [Knos04] KNOSPE, Heiko und POHL, Hartmut: RFID Security. In: Information Security Technical Report 9 (2004) 39-50
- [Lock05] LOCKTON, Vance: RFID: The next serious threat to privacy. In: Ethics and Information Technology 7 (2005) 221-231
- [Luck04] LUCKETT, Dennis: The Supply Chain. In: BT Technology Journal 22 (2004) 50-55
- [Mast07] MASTERS, Amelia und MICHAEL, Katina: Lend me your arms: The use and implications of humancentric RFID. In: Electronic Commerce Research and Applications 6 (2007) 29-39
- [Pesl05] PESLAK, Alan R.: An Ethical Exploration of Privacy and Radio Frequency Identification. In: Journal of Business Ethics 59 (2005) 327-345
- [Robe06] ROBERTS, Chris: Radio frequency identification (RFID). In: computers & security 25 (2006) 18-26
- [Robs06] ROBSHAW, Matthew: An overview of RFID tags and new cryptographic developments. In: Information Security Technical Report 11 (2006) 82-88
- [Roge07] ROGERS, A.: Radio frequency identification (RFID) applied to surgical sponges. In: Surgical Endoscopy 21 (2007) 1235-1237
- [Scho05] SCHOBLICK, Robert und SCHOBLICK, Gabriele: RFID - Radio Frequency Identification - Grundlagen, eingeführte Systeme, Einsatzbereiche, Datenschutz, praktische Anwendungsbeispiele. Franzis, Poing 2005

- [Schw06] SCHWAITZBERG, S. D.: The emergence of radiofrequency identification tags: applications in surgery. In: Surgical Endoscopy 20 (2006) 1315-1319
- [Smit05] SMITH, Alan D.: Exploring radio frequency identification technology and its impact on business systems. In: Information Management & Computer Security 13 (2005) 16-28
- [Stie07] STIEL, Hadi: Funkchips erhöhen im Krankenhaus die Sicherheit. In: Handelsblatt - Die Wirtschafts- und Finanzzeitung, Ausgabe Nr. 218 vom 12.11.2007
- [Stra05] STRASSNER, Martin: RFID im Supply Chain Management. Auswirkungen und Handlungsempfehlungen am Beispiel der Automobilindustrie. Dissertation, Universität St. Gallen 2005
- [Vija06] VIJAYARAMAN B.S. und OSYK, Barbara A.: An empirical study of RFID implementation in the warehousing industry. In: The International Journal of Logistics Management 17 (2006) 6-20
- [Wash07] THE WASHINGTON POST: „Chip Implants Linked to Animal Tumors“, http://www.washingtonpost.com/wp-dyn/content/article/2007/09/08/AR2007090800997_pf.html, Abruf am 2007-12-15.
- [Wits06] WITSCHNIG, Harald und MERLIN, Erich: Über Geschichte, physikalische Grundlagen und Applikationen der RFID-Technologie. In: elektrotechnik und informationstechnik 123 (2006) 61-71
- [Wu06] WU, N. C.: Challenges to global RFID adoption. In: Technovation 26 (2006) 1317-1323
- [Xiao07] XIAO, Yang et al.: Radio frequency identification: technologies, applications, and research issues. In: Wireless Communications and Mobile Computing 7 (2007) 457-472
- [Yu07] YU, Shien-Chiang: RFID implementation and benefits in libraries. In: The Electronic Library 25 (2007) 54-64